你可以
財富自由

從零開始的致富成功方程式

趙琇華◎著

讓價值大增的設計規畫

40 年的老公寓，改造內部時，門面順便打造，讓人在第一時間接觸，就有煥然一新的感覺。

建立客層租售需求，區隔目標族群（Target）的設計裝潢，
拉高投資報酬率。

用心為牆面選擇色彩、壁貼、壁紙，就能質感提升並創造出不同風格。

改裝時,為了讓空間看起來大,可運用整面牆的景色增加視野寬廣度。

大圖輸出的壁紙，讓房間有獨樹一格的特色。

日式木屋的佈置，比起飯店毫不遜色，讓人下班想立刻飛奔回家。

樓梯間的天井讓採光變好，可愛的牆壁畫風非常療癒。

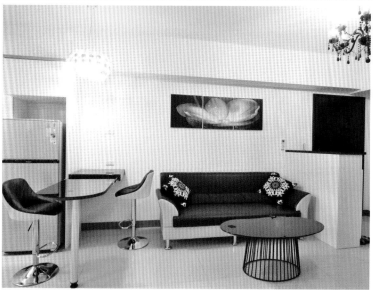

我們針對上班族女性主管，利用低調奢華水晶燈、皮質沙發、垂墜式窗簾，打造像珠寶盒般家居風格，襯出客戶的典雅與時尚美學。

開放式的小吧台，不僅在空間上起了分隔的作用，也可小酌、
聊天或做為小工作區。

明誠的屋主因為曾有過不好的出租經驗，寧願讓屋子空下十幾年也不願再出租，直到遇到方程式公司協助優化後，讓他的房子在短短幾個月內迅速變身，並找到令人滿意的租客。

上：貼上烤漆玻璃，讓廚房牆壁又美觀又好清潔。

下：茶鏡包大柱的裝飾讓空間有放大的加乘效果。

適當的軟件配置會讓屋子看起來更有溫度。

雖然是配合坪數才規畫將客、餐廳與廚房整體置於同一空間，但設計完成後不得
讓人佩服設計師的巧思，對於小坪數空間運用得宜。

你可以財富自由

從零開始的致富成功方程式

趙琇華◎著

財富自由的實現家

　　我與作者相識已經十年時間，當年我們在課堂上認識至今，是從 Money and You 到現在的 VEP（Venture Equity Program）課程，我眼見著琇華高樓平地起，從置產，變身包租婆到創立公司，已全然的財富自由，心裡相當欣喜，畢竟，身為導師，我們要的是紮紮實實手把手的實踐，讓我們看到「財富自由」的可貴與真誠。

　　我雖然是實業創業家，另一身分也是財富自由講師；從事教育培訓工作多年，參與過許多課程，也認識很多業界講師。古人說：「師者，所以傳道、授業、解惑也。」業師對於授課分享一定要有良心；更要有真才實學。

　　近年來我常常思考，誇大的個人資歷、造假的宣傳內容，雖然能騙到人進門聽課，卻騙不了自己的良心。琇華一路走來，我看到的就是言行一致用心奉獻的表率，她在房地產的成就，就是做她所教，也教會大家她所做，我真的覺得口才再好，倘若道德不好，都是愧對老師職稱。

　　看完了琇華這一本書，感觸更深，從第一章到第六章，

句句精闢，寫盡了琇華的財富自由的人生歷程，把握了理財、資產分配、創業架構……等等面向，是一本財富藍圖，內容相當精采，也相信可以讓對於資產管理有興趣的人，受益良多。

面對現在民生消費環境的變遷，很多人都有溫水煮青蛙的感覺，對於安逸的舒適圈待久了，就不想要改變現狀，但是古人常說：「人無遠慮，必有近憂。」當有一天，原本設定的目標改變時，就要懂得變通，這也是這本書要告訴我們的一個理念，相信自己，馬上就可以去做，也相信自己只要做了，就會財富自由，藉由這樣的真人真事改編，也提醒自己，想要，就做得到！

放眼國內外的創業實業家，投資經營管理皆需要基本功，而琇華的不吝分享，正是此書的精髓所在。

林偉賢
台灣實踐家

現金為王 法拍轉租售創富

　　與琇華是在課堂上初識，相談甚歡，在我的高階法拍課程中，諸位學員都有共同的目標，就要想要取得理想的物件，創造更多收入！

　　當然，在我的課程中有所提及，買法拍屋已是全民購屋的另一管道，要以投資角度切入法拍屋市場，能順利得標又有豐碩投資利潤。 而且土地跟法拍屋的取得，跟未來裝潢轉租售，都是息息相關的，所以當琇華說她要出書的時候，我看到了內容，實為驚豔！有人可以把這些理財基本概念訴諸於文字，讓大家輕鬆理解後，未來可以從小市場做到大市場，例如：如何投資高利潤法拍土地？ 如何讓棘手疑難的法拍屋變黃金？

　　從琇華的書中，我們得到一個基礎的觀念，當眼界開始改變，眼光開始精準，就可以在投資成本上降低，爭取更優質的條件跟環境，獲得更大的利潤，書中所提及的趨勢以及基本功，感謝琇華願意跟大家分享這麼多個人的成長

經驗！實在令人感動，也希望大家可以從中獲得更多，教學相長。

　　真心為大家推薦這一本好書，集結了十多年的實務經驗以及詳盡的圖片分享，讓人家更能一目了然，簡單學習，打造個人的創富藍圖，築夢踏實。

林德泉
高雄法拍權威／ 104 法拍創辦人

看見用心、真心與貼心的房地產高手

　　拿到趙總這本大作初稿當下，心中十分雀躍。因為我知道這本書的作者是一位好媽媽，更是一位好師長，而她的豐富人生體驗與見識，一定可以為理財投資，尤其是在房地產領域的朋友，帶來重要的啟示與指引。

　　另一個令人佩服與高興的原因，以趙總的理財成果，她大可以好好環遊世界，不必擔心年金改革，坐享多年來累積的成果，但是她不藏私的將自己的理財經歷與投資撇步與讀者分享，這樣的大愛與高度智慧，讓我對他的佩服更是不斷累積。

　　大家對電視或廣播的理財廣告警語：「**投資一定有風險，基金投資有賺有賠，申購前應詳閱公開說明書。**」應該不陌生，這是金管會規定，不論是電視或廣播中，對於理財的廣告都要加註警語。然而電視廣告 10 秒鐘就要價 3 千大銀，廣播也是以秒計費，廣告業者想省錢，只能讓配音員加速念，但這樣的字速結果，誰聽得懂呢？更重要的是「**投資一定有風險，難道不投資就沒有風險嗎？**」

誠如趙總書中所言：「小富靠勤儉，大富靠理財」，我身邊也有一堆大戶人家，這些人不見得學經歷多顯赫，但對於理財一事，卻是相當嚴謹與自律，也讓我相當佩服。

放眼看去，多數人沒有好好利用時間培養財富智商，只想賺錢，結果就像股票，贏了股利，卻賠了價差。多少人一輩子也只能買一間房子，若是因為功課做得不足或是裝潢不當，讓存了大半輩子的積蓄如流水泡湯。抑或者觀察一下我們生活周遭，有多少人也是薪資穩定或是俗稱的鐵飯碗（軍公教）一族，然而工作十來年，因為各種理由原因，導致尚無法存下買房頭期款，面對雖有跌勢的房價，依然望之興嘆。

趙總這本理財教戰手冊的好書，提及相當多重要的觀念：

「財商比智商重要」，這就狠狠敲醒多少「萬般皆下品，唯有讀書高」的人。的確，多少人取得碩博士學位，但是生活品質並沒有比大學畢業或是高中職學歷的人一定好過。若是能創造「被動收入大於總支出」，才能真正跳出老鼠圈，成為財富大富翁。

「資產配置新趨勢」，投資理財絕對是越早越好，因為就算失敗還有翻身機會。尤其是屬於固定薪資的朋友們或是最近被政府新政「年金改革」所波及的軍公教朋友們，

這些俗稱的「鐵飯碗」，真是哀鴻遍野，無不抱怨連連。然而趙總卻可以逆勢操作，不僅理財有成，更成立方程式地產公司，為廣大需求的民眾提供專業的服務。

「包租婆企業管理學」，該篇章更是趙總的拿手好功夫，對於買房步驟、議價技巧均有詳細的介紹與分析，同時更有趙總的致富方程式，絕對值得讀者好好一探究竟。

「室內設計大變身」，一間房子是否有價值，就看裝潢與設計。從這個章節，我們可以了解到房屋自購買後，我們要如何的產出具居住品質的設計與配置。所以室內設計的細節更是讓我們了解到，不論是景觀的取材與配置、各類家具的放置甚至是飾品的擺設，都會影響一間房子的價值與居住感受。

「資產活水與活化」，在本章中，我們可以收租物件的管理與投資報酬率的計算與規畫，也對於如何美化自己的房子，成為好的賣相有更棒的理解與實際概念。

這個混沌社會，「錢不是萬能，沒有錢萬萬不能。」錢有適當的配置，將能產生更高的安全效益與收益。

「危機就是轉機」，尤其是離開學校的朋友們，要能找到一本真人真事的好書，可能有，例如鴻海郭台銘董事長的成功經歷，但是我們有多少人能擁有像郭董一樣的時運

與機運呢？

在這個萬物皆漲，除了薪資不太漲的現實社會，我們想成功得靠四種人幫忙，即「名師指路、貴人加持、家人扶持與小人刺激」。如今我有幸遇到趙總這位房地產名師也是我生活中經常請益的貴人，非常感恩有機會先目睹這本大作。讓我許多觀念重新洗滌與反思。所以有機會在諸位讀者前分享我個人的觀點，相當感恩趙總給我這個機會。

「不要怕負債，怕的是不良負債；不要怕風險，怕的是致命風險。」確實累積與充實財商，同時不要因為貪念或是粗心而避開理財商品的陷阱。相信只要好好用心向真正有品牌與品質的大師（如趙總等）學習，相信邁向財富自由之路是指日可待。

讓我們一起實踐書中的觀念，更真心盼望趙總的大作能長紅，也幫忙讀者解決多年的疑問與困境，更期盼的是趙總下一本進階版大作能趕緊問世喔！

陳俊中
百嘉實業股份有限公司董事長
高雄市太陽能裝修設備職業工會理事長
國立高師大高雄校友會第五屆理事長

自序

保本低風險，絕對做得到！

大家好，我是琇華。

在出書之前，我猶豫了許久。

畢竟於房地產界，人才濟濟，前面有太多前輩，總覺得以自己的經驗，曾經質疑過是否足以出書？

但是，太多的學生及朋友，希望我可以嘉惠眾人，把個人的成功經驗寫出來，加上身為一位媽媽，我又何嘗希望我的下一代，再走一次我年輕時的冤枉路。

同時，我看到各項年金及保險即將面臨破產的時機中，有許多同事，因為面臨年金改革的危機，而去選擇金融商品、股票等，但由於沒有正確投資理財觀念，反而陷入金融詐騙的陷阱，居然把自己的老本賠光，心中感到十分惋惜；也有些同事，因不懂房地產，掉進各種房地產界的陷阱，例如：假合約、假客人、支付命令……，導致信用破產，不只賠掉了身家，也導致家庭破裂。

我不希望再看到有人發生憾事，所以決定以本身在房地產及投資理財這十幾年的歷程，將我所學習到的觀念與大家分享，尤其是年輕一代，希望您們在接觸金融性商品前，可以有個正確的投資觀念；同時，也分享給青壯年一代，希望您們在面臨退休問題及年金破產時，可以跟隨著書上所提及的觀念，擬出一個保本低風險的退休投資規畫藍圖。

　　同時，這本書對於想要踏入房地產的朋友們，更是一大福音！我在書上也提到了許多關於房市的重要觀念，及從事過程中遇到的種種陷阱，甚至連室內裝修時，我們該注意哪些重要事項，都仔細寫入並附上照片。

　　請您一定要熟讀，不要給有心設陷阱的業者機會，而導致血本無歸。

　　我要謝謝在著作這本書時，一路上支持我的老公，許多時刻，當我在鑽研寫書，無法顧及小孩，幸好有您的分擔、全力協助；謝謝方程式所有同仁，對於這本書全力支持，只要我需要什麼協助，你們都盡心盡力的幫忙；謝謝所有願意提供照片的方程式所服務過的屋主，謝謝您無私的分享；謝謝所有替我寫序的前輩們，謝謝您們在百忙之中為

我寫序，讓琇華備感光榮；謝謝布克出版社，記者與出版經紀人，在我寫書時，提供我許多想法與協助。也謝謝我生命中所有的貴人，在這一路上，給我許許多多的幫助。

過去十多年來，我一直是個很低調的人，謹守本業，之後創建了新的未來，一路走來要感謝的人太多，實在無法一一道盡。

沒有大家的幫忙，這本書不會誕生，也不會有現在的琇華，再次謝謝大家的幫忙。

106 年 9 月 13 日
趙琇華 上

目錄 CONTENTS

前言

從睡在菜市場邁向億萬資產

　　我從小就不夠聰明，也沒有特別的才藝，假日時，會被家人叫到菜市場幫忙賣水果，因為收攤麻煩，有時晚上就睡在菜市場，尤其過年更是如此。就這樣半工半讀，一路幫忙家裡賣水果到高中。沒有人教我如何理財，更別說財富自由了！

　　21 歲那年，我開始工作時，便立志規畫 20 年後退休時，要存夠 1 億的財富及擁有被動收入，當然我只敢在心裡默默想，怕講出來被人笑。當時，我觀察全球發展趨勢，發現不動產可以抵抗通貨膨脹，所以拿了第一年的存款 25 萬，投資人生第一間 40 坪公寓。

　　兩年後轉手賣出獲利 30 萬，接下來每年平均 1 ～ 2 間房屋買賣，每間房屋均有數十萬獲利。

　　31 歲那年，朋友告訴我，有個透天物件（高雄）要賣。

　　這個物件很奇怪，是蓋在面寬 60 米、深度平均 3 米的畸零地上，地坪 67 坪、建坪 250 坪，有 5 層樓。

經過初步規畫，我計算出這塊地可以改成數間套房、8間店面，應該是很好的投資物件，但當時大環境裡，仍很少人投資建物改裝套房出租，況且此土地建物又不方正，知道的人幾乎均反對我購買這塊土地建物，認為不值得投資！

　　父親為了阻止我，站在此屋馬路對面，對我罵了近半小時三字經，一直說這房子太長、太淺無法住人，親戚也笑話我，說我傻，被騙。所幸當時有先生的支持，而我的另一個貴人──我的母親，即使她不看好這個投資物件，說我過於大膽，但仍秉持愛女兒的心，借我 200 萬元補足資金缺口，讓我順利取得此物件並完成裝修。

　　其實當時背負著還款壓力，只能認真往前走，如果停下來，就會功虧一簣。

　　後來，此建物總計投入購屋成本約 910 萬，除了自備款190 萬，我們還向銀行貸款 720 萬、隔間及裝修成本約 200萬，每月銀行還款本金加利息約 3 萬 5000 元，

　　薪水才多少？當時一古腦兒，就是要達成財務自由的目標，所以當我取得建物後，異常興奮，就憑著年輕時的租屋經驗，非常用心規畫設計自己的房子，而且一開始就打

算跟市場區隔，間間都有陽台！我們想要的是，提供經濟、溫馨、符合租屋者實際使用需求的套房！而不是一間可以居住就好的套房。

經過我們努力改造後，滿租率也證明了我當時的決定是對的！我改裝完成後，無論店面或套房均因布置得宜，經常供不應求，甚至平均租金月收入扣掉管銷費用、銀行還款等，每月仍有亮眼的投報率！

此時，大家終於都相信我做得到，也改變了我家人當初的反對意見，也讓人生邁向財富自由與被動收入的第一步，接著第二個好消息接踵而來，幸福店據銀行 2015 年的鑑價，已經超過 4000 萬的市場價值。

再加上其他房產投資的收入，我真的如同 21 歲時所想的願望，邁向億萬！

此後，我又在房地產上陸續累積更多好的經驗，也以助人之心為起點，開設房地產及裝潢公司，在客戶及朋友的鼓勵下，我決定將自己買賣／裝潢房子的經驗寫成書，讓大家知道：「我可以，你絕對也行！」

第一章

好智商
更要有好財商！

人生財富中的隱憂

我的第一次覺醒

　　如果一路平順，大家想要過什麼樣的人生？何謂真正的自由？何時才會覺醒呢？

　　在人生的道路上，多數人多處於汲汲營營、庸庸碌碌的生活，在一日復一日的日常中，忘了檢視自己的人生，也忘了規畫個人的未來藍圖，以至於如同迷宮中的老鼠一樣，一旦有了變動性，就忘了應變的能力。

　　在史賓賽‧強森《誰搬走了我的乳酪？》一書中，曾提及變化是會發生的，他們會不斷把乳酪移走！當預期變化的到來，我們是否已經準備好面對乳酪被搬走的事實？當然書中有幾個角色，不想變動的、不知道如何變動的、或是成功轉變的，不曉得大家會是哪一個呢？

　　高速資訊的巨浪一波一波打來，過去的守舊理財方式，已經無法因應現代人的生活需求，更遑論為個人創造更美好的財富藍圖，大家是否已經準備好了應變方針呢？如果

還沒有，不妨一同來打開不同的視野，讓自己像海棉一樣吸收成長，走上財富覺醒的道路。形塑不同的財富模式，也造就了每個人不同的未來，多年的實戰經驗相互印證，才能讓人生選擇性越來越多。

👜 人生並非單行道 轉彎時別有洞天

民國 89 年，我的大兒子出生了！當時的我，工作、家庭都很順利。有一回，我帶著兒子跟同齡的一歲半孩子，一起在公園玩，我讓孩子叫：「媽媽！」卻發現孩子一個音都發不出來，只是默默的看著我，當下朋友們安慰我：「沒關係的，大公雞慢啼，不要揠苗助長。」

朋友的話，雖然有些寬心作用，卻無法完全消弭我心中的隱憂，我多次引導孩子喊媽媽，得到的仍然是無聲的回應，讓我相當挫折。

我的先生來自於教職背景居多的家庭，加上先生為獨子，家人對長孫期望高，公婆見此，也相當著急！

「怎麼辦？孩子怎麼都還不會開口呢？要不要去檢查一下？」長輩們頻頻催促我帶孩子去就醫，但受限於工作時間，職業媽媽總是工作、家庭蠟燭兩頭燒；「可以的，

可能是孩子比較內向吧！」怕長輩擔心，我幾次勸慰，直到孩子近兩歲，真的無法開口叫媽媽，才帶孩子去醫院就醫。想不到，經榮總鑑定，發現我的孩子是中重度自閉狀況，當下心中的錯愕，無法言喻，「該如何面對長輩？該放棄工作嗎？孩子未來如何？」心中幾番轉折。

　　此事件對我個人及家庭是莫大的打擊，受限於工作以及生活，日子要怎麼過下去呢？要怎麼突破經濟困境呢？孩子未來的學習，又是一筆龐大的經濟壓力。沉重的金錢壓力襲來讓我有了第一次的覺醒。

沒錢要理財　致富學投資

　　我的第二個覺醒是：退休後的生活，該怎麼過？大家都提醒過我：「你不理財，財不理你。」看到身邊有很多同事、朋友們也同樣憂慮：為什麼忙碌一生，到頭來一窮二白？我常常思考這個問題，從觀察中找到答案，發現多數人對於自己薪資無法掌控，有多少用多少，沒有「餘裕」做好財富規畫，終至最後，窮苦度日，是我深刻的體悟。

　　也因為這樣，我將所學分享給大家，香港首富李嘉誠曾試算：如果一個人從現在開始，每年存 1.4 萬元，並且獲得每年平均 20% 的投資回報率，那麼 40 年後，他的財富會成長為 1 億零 281 萬元。先有心態，才有口袋。雖然我不是採用他的方法，但我比大家幸運的是，我的財務概念覺醒較早，投入房地產市場，利用不動產的保值、增值來抵抗通貨膨脹。

　　大家知道從以前到現在，通貨膨脹率有多快嗎？速度非常驚人。舉個例子，10 年前我們月薪領兩萬元，一碗陽春麵是 25 元，而現在薪水兩萬兩千元，但是陽春麵已經漲到

一碗 35 元，十年間：

薪資調整約 9%（2000 ／ 22,000×100%）

陽春麵漲幅約 28%（35 － 25）／ 35 元 ×100%

上班族的薪資呈現龜速成長，但是生活所需的民生用品卻呈現直線上升，未來 20 年，我們該怎麼生活？

或許會有反駁：「沒有那麼誇張啦！少吃一點就好了。」當然短期是沒有什麼感覺的，但是長期下來，生活品質慢慢被壓縮，以前帶一百元去夜市買鹽酥雞，可以買到滿滿兩大包，最近五年開始，大家有沒有發現，一百元只有小小一包，沒有像以前一樣多了，甚至以前買一個包子 15 元，跟饅頭一樣大，現在大概約小籠包的大小，這就是通貨膨脹，在我們日常生活中發威的警訊！

但是現下更令人恐怖的事實是，國人薪資結構，在過去十年並沒有隨著通貨膨脹而成長，反而呈現負成長以及出現高失業率的問題，請問大家，如果收入沒有成長了，購買民生用品變貴了，我們有任何「多出來的錢」可以「存」嗎？套一句我家人常說的台灣話：「生食都無夠，哪有通曝乾。」（生吃都不夠了，哪還夠曬乾）

你還把錢放在定存嗎？

新台幣只會越放越薄！！

	2000年	2016年
定存利率	5%	1.06%
物價上漲	1.25%	3%

2000 年的定存利率 5%，16 年後，定存利率居然只有 1.06%，也就是説，民眾們的本金，已經無法創造利息收入，新台幣變得越來越薄了。

　　2000 年的定存利率 5% 時，代表什麼呢？表示景氣好，銀行願意給多一點利息，拜託民眾來存錢，把大家的錢拿去投資，還賺到了利息可以分給民眾；相對的，過了 16 年後，定存利率居然只有 1.06%，也就是說，民眾們的本金，已經無法創造利息收入，而新台幣就變得越來越薄了。

　　不少人因為太害怕未來的變動性，而把錢就放在定存裡。

　　在這裏，我要大聲的說：以近十年通貨膨脹的速度來看，新台幣的定存利息，未來沒有辦法供應生活物價！

　　怎麼辦？

你一定要了解致富公式：本金為 1，加上 20% 複利滾存，讓時間發生效應，才有可能滾出千萬金。

所以存錢真的非常非常重要，如果本金為 0，就沒辦法複利滾存，唯有存下第一桶金，夢想才會實踐，才會有複利滾存的空間。

當年的我，只要想到此，就覺得財富自由，離我越來越遠，心裡就越來越恐懼，越來越害怕，於是積極的尋求各種好方法，讓我辛辛苦苦上班的薪資，留下來變成資產。

親愛的讀者們，您現在正值人生的哪個階段呢？

我們可以分為 20 歲儲蓄期、30 歲投資期、40 歲守成期、65 歲退休期來做規畫。

在此提醒大家，理財投資是越早規畫越好，因為可以承受的風險程度也相對較大，觀念很重要，觀念對了，還要實行。當年我在教育部任教時，看到很多同事一直為家庭付出，為子女付出，到了 40 多歲的時候，個人省吃儉用，卻沒有放到好的理財工具中，甚至想要買房子，連頭期款都沒有存下來，實在很可惜，我覺醒後，決定將我的個人經驗分享給大家，希望大家可以提早為自己未來的退休生活做好準備！

從年輕到退休的財務規畫

20 歲
- 累積資金期（工作起薪低）
- 把重點擺在累積第一桶金上，可使用定存、保險、股票等，累積資金。

30 歲
- 開創現金流期（有穩定工作的收入）
- 此時應以現金流為目標，利用第一桶金的資金開始投資一些可以創造現金流的工具，如：房地產、高收益基金、股票等。

40 歲
- 退休規畫期（開始多元收入規畫）
- 開始為未來退休生活規畫，重視個人資產配置，並使用穩定的投資工具，規畫好個人投資策略，採取避險為主。

65 歲
- 幸福退休生活
- 應該以低風險的工具為主，但也要注意通貨膨脹及醫療保健等費用支出，所以可用保險及基金或房地產作為被動收入為主。

財商比智商更重要

　　很多聰明的人卻沒有辦法財富自由，大家知道為什麼嗎？因為聰明的人，很容易被眼前的近利所吸引。但是我們必須先跟大家提醒，不是聰明人就會賺比較多錢，財富自由是**策略式的分散風險，跟穩定回本的理財模式**。

　　每一個人都不想擔心生活的費用，也不想被公司裁員，希望可以舒舒服服的退休，但是我們沒有富爸爸，也不是田僑仔……，所以，不可能有吃不完的金山銀山，經過後天不斷的學習以及閱讀多方書籍，我實踐了財富實現流程：學習→想法→行動力→好的結果。

　　雖然有人說：「台灣人有奮鬥的勤勞精神。」我們卻把大部分資產設定在薪資收入，沒有增加理財收入，也因為這樣的差異，使得資產「凍」漲。

　　我常常在演講中提及，實踐比了解到更重要，在創造財富的領域，財富商數也比智商更為重要，為什麼呢？因為，這需要經驗累積跟判斷，人生只有一次，不是學校考試，沒有重來的機會，所以，我常告訴大家，不妨透過現金流

遊戲的過程，學會「理財人生虛擬實境」

　　當人生中投資案與合作案真實上演，在強大壓力下，第一時間，就必須靠自己的經驗或是精準眼光，讓自己跳離汲汲營營於工作的老鼠圈，這樣的遊戲中，我們學習到什麼呢？就是立馬有能力判斷投資案的好壞，然後也進而學習談判的技巧，畢竟金錢的往來，一出手就是成交買賣了，沒有後悔的空間。

🛍 被動收入 > 總支出＝真正財富自由

　　現金流遊戲將讓大家知道財富自由的真正意義，當被動收入（也就是所謂的非工資收入）大於總支出，並可以隨意安排個人生活，才是真正的財富自由。

　　而想要享有這樣的自由，首先，正確且適當的投資標的（例如：房地產、公司配息股票、連鎖加盟店面），對於創造財富非常的重要，從遊戲中可以觀察到每人不同的投資方式，有人專門投資股票，坐等股票飆漲，如果沒有配股配息，就沒有現金流；有人喜歡買儲蓄型商品，穩健增加現金流；有人一有錢就將銀行貸款還掉，減少支出；有人坐擁多筆房地產，手頭現金卻不足，遇到周轉不靈的時

候，很容易被套牢。

過去我們聽說軍公教人員是「鐵飯碗」，其中不乏令人欣羨的退休金制度，但是這幾年來，由於政經環境的改變，不少軍人退休後，已經面臨月退俸減少的困境，在生涯規畫上，是相當大的衝擊！那麼我們要如何創造退休後的第二春呢？要如何維持退休後的生活品質呢？在本書中，將step by step 漸進式的陪伴、帶領大家，創造財富自由。

🛍 第一要務，做好家庭資產配置。

理財並不是指主要獲得多少收益，理財不局限於提供單一的金融服務，包括投資計畫、購房計畫、教育金計畫、保險計畫、退休計畫等等。

舉例來說，我有一對學生俊銘跟郁娟（化名），畢業後很快就結婚，喜歡享受生活品質的他們，婚後兩三年，每年出國旅遊，與朋友應酬……等等，兩個人薪水即使加起來約 8 萬，但是到了年底的時候，不但銀行帳戶經常沒有存款，還有一堆信用卡的循環利息要繳，今年他們跑來找我說：「老師，我們真的很害怕，我們想要買房子，但是錢都不夠用，每月要繳三千多元，一年要繳到約 4 萬元

的利息錢，怎麼辦？」我聽到之後，真的覺得這樣的惡性循環相當恐怖，後來，我們團隊幫他們做了理財健檢。

　　大家一起規畫了以下的理財策略，才漸漸改善了他們的負債狀況。

- 善於化零為整，做好理財規畫。
- 除了房貸，千萬別負債。
- 財務獨立，按比例撥出理財金。
- 為全家人保險。

　　當時我們就發現，如果沒有存款而且有循環利息，就更不可能有錢來存錢買屋，因為就算長輩幫忙，或是取得好的房子，後面支付房貸的部分，也很容易變成法拍屋，甚至銀行往來紀錄不良，也會影響到之後的貸款利息的％數，所以我們希望他們可以先存一小筆定存，把錢化零為整，每天存下一杯咖啡（約 50 元）的錢，先不要出去外面應酬、邀請朋友回家吃飯，可以慢慢還清信用卡債，然後按比例，每個月撥出理財金。

　　「老師，我們已經負債了，為什麼還要存錢？」

　　這裡要跟大家分析一個理財觀念，我們可以負債，但是

要有好的負債，像房子就是優質負債，房貸未來有增值的空間，也就是資產，未來房市上升時，增值可以抵掉房租，貸款也變成投資獲利；所以，薪資部分除了要還負債，也要放在會賺錢的投資工具。

比如說，兩個人的家庭開銷，比一個人的薪水彈性更大，每個月存兩萬，把錢放在投資報酬率 5% 的理財工具上，第 4 年就可以存到頭期款一百萬了！就可以購入第一間房子。

💲 夫妻同心存入第一桶金

20,000×12 個月＝ 240,000 元→先有存款

第一年年初 240,000

第一年年末 240,000×1.05 ＝ 252,000

第二年年初 240,000 ＋ 252,000 ＝ 492,000

第二年年末 492,000×1.05 ＝ 516,600

第三年年初 240,000 ＋ 516,600 ＝ 756,600

第三年年末 756,600×1.05 ＝ 794,430

第四年年初 240,000 ＋ 794,430 ＝ 1,034,430

🛍️ 第二要務，六大黃金公式，擺脫哭窮族。

要想真正做好投資理財，就要活用下面的這 6 個理財公式，投資理財的法則：「知道不重要，重要的是知道後，要老老實實做到。」每個公式都可以拆開操作，變化相當多，每一種投資方案都可以交叉運用。

公式① 支出＝收入─利潤

根據公式，我們不難看出當收入一定的時候，支出越少，利潤則越大。因此我們要會節省，堅守支出，但是這個非常難，因為開始一兩個月可能會勉強自己，人在存到一小筆錢的時候，就有可能開始怠惰，跟減重一樣，相當需要「決心」跟「恆心」。

此外，很多投資理財意識較強的工薪族，每月領到薪水後，會根據自己的理財目標把部分薪資存入銀行，以此避免很多的盲目消費，以前還有「信封袋」管理法，就是把自己的薪資分成五份，放到五個信封袋，一個是娛樂費用，一個就是投資理財，一個是房租，一個是生活費，一個是交通費，強迫儲蓄也不錯。

不過呢！有些人因為自己無計畫消費，而且常常耳根子軟，愛應酬又喜歡逛街排遣心情，導致每月可以存下的錢

多少不一，會出現很多月光族，甚至負債的情況。

如果能將「利潤＝收入 - 支出」的觀念轉變為「支出＝收入 - 利潤」的觀念，每個月定期按照一定的比例，將自己的工資存入銀行，剩下的工資用於自己的日常開銷，那樣你的銀行存款將會快速增長；我有一個朋友，甚至開了一個帳戶，領到薪水的時候就先轉進去，而且那個帳戶沒有辦提款卡，要取款很麻煩，避免不小心就提領出來，這倒也不失一個強迫儲蓄好方法。

理財的目的在於希望財富自由，未來可以不用為了錢傷腦筋，不是要讓自己日子變得太難過，可以有「替代性方案」！如果本來就有喝咖啡習慣的人，可以把星巴克變成全家的咖啡，多幫自己擠出幾百元的餘裕，有時候我們把一些習慣找到「替代方案」就可以脫離月光族的圈圈。

公式② 穩健理財型＝ 50% 穩守 ＋ 25% 穩攻 ＋ 25% 強攻

「不把雞蛋放在同一個籃子裡」很多人都會講這句話！但是大家真的理解其中的含意嗎？其實這裡不是指投資獲利的報酬率，而是要先看到投資時可以虧損的「風險」。

把投資金額做好合理分配，就能達到分散風險的效果。

50% 穩守，拿出一半積蓄進行保本理財，可以用來儲蓄或採購債券；25% 穩攻，購買一些低風險、穩健收益的理財產品，還具有固定收益類理財產品、信託理財產品等等；25% 強攻，可以選擇高風險、高收益理財產品，如：股票、債券……等。

穩健理財很重要，假設有一百萬，五十萬放在定存，剩下的二十五萬可以放在期貨、股票當作強攻，還有二十五萬放在權證、外匯作為穩攻，就算股票小賠了十多萬，除了不影響投資轉換，也不會因壓力過大而失去信心。

公式③ 通貨膨脹公式：三十年後 12 萬元＝現在 5 萬元

如果我們是存養老金，就一定要擔心通貨膨脹的問題，因為隨著時間的推移，通貨膨脹會使我們手中的現金價值不斷縮水，錢就越來越不值錢了；加上近年來，定存利率降低，很多人的現金就算放在銀行，也是越來越薄了。

舉例來說：我們都是正常上班族，假設現在一年的生活費用約 5 萬元，包含：吃飯、水電，還不包含房租，每年的通貨膨脹率為 3%，那麼，30 年後這個家庭如果要保持現在的生活品質，一年的生活費用就有可能變成 12.14 萬元！

過去，社會福利健全，社保、退休工資或許可以負擔一

部分養老費用，但較大的比例仍是要自己負擔；但是近年來，不論是健保或是年金系統連年虧損，因此，如何在有限的工作年限裡，用心籌畫這筆費用，有相當的難度，跟以前比起來，資產活化跟優化變成大家更重要的課題。

公式④ 風險承受度＝ 100 － 當前年齡

兩岸投資作家楊偉凱指出，理財目標的設定，取決於人生階段與風險屬性不同而有差別，應考慮個人能力後，再來訂定目標。比如，單身時，應該把重心放在資產的「增值」，有了家庭的上班族須再增加保險規畫，可以抵抗風險的承受度，最後，退休族就應該要對養老跟保本有所規畫，有了明確目標，才能夠進行「有效投資」，避免一不小心就會吃掉了我們的獲利，甚至血本無歸。

我在座談會的時候，發現一件有趣的事：很多投資者，一輩子省吃儉用，存了第一桶金，也累積了房子，當年紀越來越大，卻相信了投資公司，然而高獲利也伴隨著高風險，到了 60、70 歲，風險承受度不僅僅低，幾乎是希望投資零風險，但是這是不可能的，我會建議根據自身的風險承受能力，選擇適合自己的理財方式。

從公式上可以看出，隨著年齡的增大，承受風險的能力

會越來越低，資金投入也隨之遞減。投資人要根據自己的風險承受能力挑選適合自己的理財產品；涉及到養老、醫療等資金需求，所以在投資選擇上，一定要穩健為好，努力辛苦了一輩子，不奢望富貴過日，也期待不造成子女的負擔，這也是工作一輩子的基本尊嚴。

公式⑤ 複利滾存

有人說有錢母才會生錢子，但是要怎麼判斷比例呢？坊間有很多不同的說法，有一位林老師曾經提出 4321 公式，我也相當認同；4321 指的是家庭資產合理配置比例。即家庭收入的 40% 用於房地產及其他方面投資，30% 用於家庭生活開支，20% 用於存款以備應急之需，10% 用於保險。

我有句口頭禪：「小富由儉，大富靠理財。」財富自由沒有別的方式，就是努力存錢，然後靠錢滾錢。愛因斯坦說：「複利的威力超過原子彈。」依照林老師的資產配置法，我們可以把錢發揮最大的效益，不少人想要縮短理財目標的時間，最有效的方式就是利用時間的複利。

也就是說，年輕真的是本錢，提早理財吧！很多人覺得老了才來理財，其實就會離財富自由越來越遠，想要錢滾錢，必須越早越好；假設一個 30 歲跟一個 20 歲的人相比，

每個月一樣投資 5000 元，一樣是找到年投資報酬率 5 ～ 6% 的標的物，20 歲到 60 歲可能有機會存到一千萬！需要四十年的時間，但是 30 歲的人就少了十年，就要到 70 歲才有機會退休，或是財富自由。

公式⑥　黃金槓桿

投資者的報酬率跟什麼有關？答案是跟成本有關，我常常跟學員分享，借力使力不費力，舉例來說：

投資 200 萬買房子來出租，每年收取 12 萬元的租金，相當於 6% 的租金報酬率。這項投資標的物就是「房子」，資產報酬率等於租金報酬率 6%。那不論這 200 萬是全部自己的錢，或是部分貸款，都不會影響 12 萬的租金收益，只是貸款部分需要付利息。

若一半自備款，另一半貸款、利率 1.8%，也就是 100 萬自備款，另 100 萬舉債支付。100 萬貸款每年必須支付 1.8 萬的利息（＝ 100×1.8%），所以投資者每年實值獲利為 10.2 萬元（＝ 12 － 1.8）。對投資者而言投資報酬率提高至 10.2%（＝ 10.2/100），這是過去黃金槓桿操作的狀況，借銀行的利來養房，增加投資報酬。

但是最近房屋因為稅制問題，增加了成本，相對於投資

者的資產報酬率就沒有這樣亮眼了。

借來的資金當然是要付利息，但是因為降低了投資者風險槓桿，就像翹翹板一樣，之前我們需要拿出 200 萬的成本，負擔稍嫌重，但是找了銀行來協助，貸款變成了 100 萬的成本，負擔減輕了一半，獲利增加，是很不錯的！這就是槓桿的操作技巧之一，靈活被運用在股票、房地產……等等，也有學員開玩笑說，這是跟銀行搬錢的五鬼運財術。

多元收入的重要性

收入來源很多，不僅限於有做事有錢拿，沒做事就沒錢拿，一般我們稱之為主動收入的來源，如薪水；而主動收入之外的其他收入多屬於多元收入的一種。

主動收入是以時間換取金錢的概念，有工作才會有收入，一旦發生突發狀況，例如生病、受傷、被解雇等等，導致無法工作失去主動收入時，如果沒有其他收入，生活將陷入困境。

我想大家一定很關心那些項目能為你帶來多元收入？

其實能創造多元收入的管道很多，例如房地產投資、股票、債券、基金、儲蓄型保單等。房地產投資主要分為「賺

價差」及「租金的收入」，投資時，可以透過銀行槓桿，想辦法降低現金成本、增加獲利，但是要注意房屋的變現能力較低，一旦有資金需求，未必可及時出售。至於買股票（如高息股）、債券（如政府債券）或基金的變現能力較高，但相對風險也比較高，投資前除了應詳閱說明書之外，也應對投資商品多下工夫了解。

至於儲蓄型保單以保本為主，若投資得宜，長期累積下來對資產成長也很可觀，相對風險也比較小。選擇適合自己多元收入的工具前，有幾項因素要事先考慮：**一、個人風險承受能力；二、回報率（利息收入相對投資金額的比率）；三、資產變現能力。**綜合考慮個人情況，選擇出適合自己投資的多元收入資產配置。

收入比較表		
國籍	歐美	本國
工作收入	50%	95%
投資收入	50%	5%

收入來源比較圖

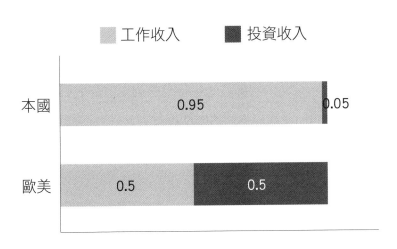

國內外理財方式的差異。

投資怕陷阱 不熟的不碰

　　投資跟投機，是不同的！投資是可以藉由地區價格、未來趨勢、長線價格來判斷的，但是投機是完全沒有做功課，也沒有保本保值的效益，把自己放在風險中，就是盲目的賭注。雖說：「小富靠儉，大富靠理財。」但是如果沒有事前做好功課，只是道聽塗說，很容易會將「小富」存下來的錢，一夕之間就敗光光了。

　　在這十多年來的操作中，我曾經看到很多同事們、或是他們的家人，因為懶得學習新的理財觀念，就到處聽一些消息明牌，或是投入自己不熟悉的區域，小賠了還不願意斷頭，甚至放在銀行裡好幾年，都等著基金回到正的報酬率，絲毫沒有考慮浪費了多少成本。如果我們果斷的停損，把現金取回，反而可以有更好的投資標的來獲利。

　　以上這些觀念，都是阻止我們財富自由的大石頭！不要以為有錢的人就會理財，很多人承接了家裡富爸爸、富媽媽的大筆家業，但是卻因為觀念沒有改變，亂投資一通，

更要有好財商！

反而短時間之內散盡萬貫家財。

　　一個好的觀念可以避開無限多的危機，理財觀念改變，人生才會開始改變，先把過去影響投資的壞習慣、大石頭搬開，然後再避開坊間常見的投資陷阱，才能走向「大富」的正確道路上，請為自己建立以下 5 個觀念。

觀念① 投資一定有風險

　　我們常常在廣告上聽到一句不太清楚的話：「基金投資有賺有賠，申購前應詳閱公開說明書……」為什麼廣告最後要快速唸完這段話呢？這些耳熟能詳的標語，卻很少人深究其中的意涵。而投入理財市場，我們所購買的就是虛擬貨物（ 投資標的 ）。大家在購買民生用品時，一定有過站在超市貨架前，比較各個廠牌鮮奶的價格，並因為幾塊錢差價，思考再三，但當我們開始接觸投資，卻容易委託給經理人處理，對於股票、期貨，這些動輒數萬元的商品，不甚了解，也未真正實際去研究跟分析自己所買的股票。其實這樣是相當恐怖的。

　　在聽完各種理財商品的獲利分析跟投資報酬的優點後，

我們必須理解投資一定有風險，做出理財商品的風險評估，避免落入數字跟報酬率的陷阱，不被投資數字所迷惑。

觀念② 了解市面上理財商品常見的陷阱

想要讓大家都把錢投入理財工具，一定會有一些漂亮投報數字，但是卻不是只賺不賠，全都因為以下幾個陷阱。

陷阱一：資金不足陷阱

不要被「以小搏大」的念頭沖昏腦了，天下沒有輕鬆獲利的投資，新手進場就要穩穩的操作，學習經驗，更不要想著要一本萬利，淨找一些投資報酬率高、風險也特別高的理財商品，結果因為風險控管不佳，反而血本無歸。建議大家應該要先把資金準備好，累積資本，再選擇適合的投資標的，例如選擇 ETF（國外指數股票型證券投資信託基金）商品，定期定額長期投資，也能積少成多，慢慢為自己累積財富。

陷阱二：時間不足陷阱

短短時間就要快速獲利？這是每個股市投資人都想要的最佳狀況，但是勸大家一句：「別傻了，菜籃族是炒短

線的高手，可是也只能賺賺零用錢。」有一些散戶喜歡「當沖」天天收現金，馬上看到投資的成果，但是其實風險就是，如果天天當沖，沒有獲利超過一定的 % 數，手續費和交易稅太高，也會很快吃光本金。

投資作家艾蜜莉曾經說過：「投資就像開車，長期投資績優股，表面上錢賺得很慢，卻是一條穩健獲利的路！」

陷阱三：知識不足陷阱

很多投資人因為平常都在上班，除了工作外、還要照顧家庭跟孩子，實在沒有時間天天關注理財資訊，也因為這樣，辦公室裡面常常出現「明牌」跟「內線」！

「道聽塗說」絕對是投資理財的大忌。舉例來說，有的人在投資之前，沒有真正了解自己要投資的標的，只因為聽理專推薦，就買入了自己也不懂的商品，但是投入多年卻賺不了錢，最後才發現那些僅是一堆話術。當年我房地產獲得租金之前，也買了很多理財商品，往往都不了了之，本金有拿回來都是阿彌陀佛了！

另外還有少部分不良的保險業務員，會推薦高利保單，

強調報酬率高達 6 ～ 7%，我剛開始也很相信，但是大家不要忽略了，以「年化報酬率」來算，其實才 1% 多，但一般人可能沒有時間了解，就被話術蒙騙，雖然不至於賠大錢，卻浪費了很多時間成本跟手續費。

投資作家艾蜜莉也曾經建議：「券商業務、財經節目上的投顧老師，會提供很多投資建議，但內容假假真真，投資人必須小心謹慎，多做功課，才能避免淪為被坑殺的對象。」我覺得她講得很對，後來同事跟學員要投資的時候，我都會參考別人的投資觀念，自己下苦功綜合分析一下對方的論點是否合理，進一步篩選出值得學習的投資方法，而非人云亦云，到最後虧損的，還是自己。

陷阱四：心理素質不足陷阱

本是該賺錢的時機，因為怕賠，所以有些人就出場了；而已經在賠錢了，但還是會有些人不相信自己有那麼衰，所以本來賠 2 成，後來全部賠光光，這就是我們常講的「心理素質不足」，人家賺錢的時候，多數都不敢拚，所以沒賺到！但是大家喊賠的時候，出場第一，所以也沒有賠到，但是就是永遠沒輸贏。

我不鼓勵大家亂投資，但是如果已經做好功課、也慎選了投資標的後，資金上也沒有以上的問題，那麼，就大膽進場吧！

巴菲特有一句話：「別人貪婪時我恐懼，別人恐懼時我貪婪。」這句話是投資真理。恐懼、貪婪、沒耐性，都是人的天性，若能克服這些劣根性，投資時就能避掉一半以上的損失。所以當市場氣氛一片大好時，投資人應居高思危；當市場瀰漫恐慌、且績優股出現大跌時，應該要勇於進場，做長期投資，才有機會透過投資致富，達到財富自由的目標。

觀念③ 小心「龐式騙局」：

大家是否知道老鼠會的手法呢？過去我曾經聽過一個比較特殊的案例，正好用來解釋「龐式騙局」，就是飲料連鎖店、滷味連鎖店開放加盟，每個人只要繳納一萬元的會員金，就可以成為這些加盟店的「股東」，但是參與者要先付一筆錢作入會代價，未來如果有營運賺錢，會有配息或是分紅！

朋友呀！你千萬不要被這樣的低門檻投資所騙了，扣掉

營運管銷、人事成本，這些加盟連鎖的業主，根本不是專業操作經理人，店面沒有賺錢的情況下，所賺的錢都是來自其他新加入的參加者，而非公司本身透過業務所賺的錢。這就是我們民間常說的老鼠會！

那之前一開始投資的股東賺的錢，怎麼來的呢？就是從「下線」來的，下線投資者透過吸引新的投資者加入付錢，來支付「上線」投資者，通常在短時間獲得報酬，但隨着更多人加入，請大家先停下來想一想，滷味攤一定賺錢嗎？假設滷味攤一直沒有賺錢資金流入，或是業績狀況不好，當然就不可能有合理的分紅，最後這個騙局泡沫爆破時，最下線的投資者便會蒙受金錢損失。

很多人會說：「不會啊！不是有店面、有商品在營運，怎麼會是騙局？」老實說，店面有沒有賺錢，你清楚嗎？是真的有現金流進來嗎？還是只是用後金補前金的手法，也就是藉著吸收後期會員交入會費，來繳納前期會員的獎金呢？最後，再利用行銷手法，推廣持續招生新血；在新聞媒體報導上，就會常常出現「非法集資」、「非法吸金」，重點是騙局破滅，錢也不見得拿得回來，新聞常有所聞，

惡性倒閉後，資金流向不明……等。

觀念④ 別再相信「假」外匯

境外投資是不錯啦！畢竟有很多理財商品是從外商引進的。我有不少的朋友，在退休之後，開始接觸很多新的理財商品，其中一樣是外匯，但是在資產配置中，外匯的操作中間有券商，所以，有不少人會藉由國外券商名義，舉辦分享會、座談、教學課程、炫富的行為（如：開名車、假績效）等來吸引資金投入，而實際上透過不肖業者的操作，可能把你中間投資的手續費、獲得的利潤坑殺，不瞭解流程的投資人傻傻相信，長期累積下來，最後損失慘重。

以上提到的幾種陷阱，在社會上行之有年，多半都是換湯不換藥的包裝，但是為什麼還是有很多人會上當受騙呢？因為多數人，過度相信他人的意見跟自己主觀的猜測，不願意花時間老老實實的做功課，只想要享有高投資報酬率、低風險、快速獲利的條件，但是我們千萬要記得，天下沒有白吃的午餐，建立自己的理財計畫，摸得到看得到的投資方式，才會保本又保值，誠信為獲利的前提。

觀念⑤ 不懂房地產，易被當肥羊

　　詐騙方法層出不窮，新聞媒體經常出現的案例有：假租屋，真賣屋；偽造土地權狀詐騙買主；假借取得國宅配額，仲介國宅詐財；利用無人居住之空屋，假藉屋主名義賣屋詐財；假租屋騙鑰匙，再轉租詐押金；建商預售屋一屋兩賣；以 e-mail 廣告售地詐財；以投資銀拍屋為名詐財等等，投資房地產金額往往不低，消費者更應小心謹慎。

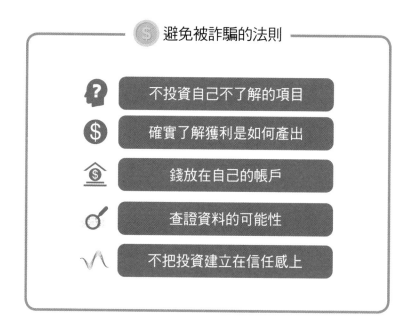

第二章

資產這樣配置
保本又有被動收入

股海心態，沒有永遠贏家只有永遠輸家

哪些有錢人的思維，會影響財富格局呢？

在第一章當中談到了，當我成為了母親，為了孩子未來設想規畫，導致我有了第一個覺醒，而工作的危機感產生，讓我有了第二個覺醒！請大家想想，如果你的生活一路平靜，素無波折，大家何時會有所覺醒呢？

就像曾經聽過的一個民間故事，有一群小燕子築巢在屋簷旁，離廚房的煙囪很近，煙囪有點失修，噴出一點點星火，有一位智者說：「離煙囪這麼近，一定很容易失火。」結果屋主都沒有聽進去，後來有一天星火噴到乾燥的鳥巢稻草，結果引起大火，整個房子都燒掉了。這樣的小細節，可以預判未來的危險，為什麼不先補起來呢？多數的人只是「我執」，對於個人的想法過於固執，而忽略未來的變動性。

五年前，我問過身邊朋友，要不要跟我一起學習，對方跟我說：「我的工作很穩定，未來政府會有年金給我。」

現在呢？當然每個人的人生都是自己選擇的，但是有些意料之外的震撼彈，卻不是我們可以決定的，當環境開始改變了，人還是要透過學習跟成長，找到解決方法。

在股票市場很有名的蕭正崗老師曾經說過：「透過一本書、一堂課，一個人可以改變一生命運。」很多我們過去不知道、沒遇過的知識，不代表就不存在。近年來，我曾經與幾位好友深談台灣目前的投資理財工具，對於目前大財經環境我們都感到憂心，為什麼呢？

因為投資環境的封閉性，主導了我們的財富視野，其實有很多不錯的理財工具，都掌握在企業跟銀行的手裡，為什麼放眼台灣各大銀行存款利率約 1 ～ 2% 呢？就連外匯定存利率也極少超過 5%？然而事情就是這樣單純嗎？

我曾聽過同業分享，某大外商保險在香港上市之保單，居然有高達 6 ～ 7% 的利息，但是同一外商保險公司進入台灣後，卻無此商品，台灣的投資人是否過度封閉了呢？

經過這些思辨的過程，我大膽猜測，原因應是台灣近幾年來社會經濟條件改變，主計處公布的高失業率及低所得所影響，相對銀行及外商保險公司的理財商品也趨於保守；換句話說，就是外商跟銀行把投資人當笨蛋，在國外可以

給到 4 ～ 7% 的利息，在台灣，投資人只要有比定存的 1.5% 利率高就很滿意了！「不知道、不清楚，不等於不存在。」

想要洞察未來的**趨勢**，首先，要先從空杯心態開始，對於一切新事物，要抱持著高度熱情跟敏感度，放下過去陳腐的窠臼，才能吸收更多的理財新知，多了解，多詢問，找管道，快下手。

🛍 股票市場散戶贏面小　你真的敢買嗎？

從以前到現在，股票一直都是台灣人的最愛！儘管大家都知道台灣的股市常常受到消息面跟外資的影響，但是還是很多人願意進場，因為在薪水不高的情況下，股票是屬於門檻較低的理財工具，近幾年來，更有不少「只買定存股」或是「黃金槓桿賺股息」的融資方式。

但是，大家不要忘了！在股海中，能夠高度獲利的的永遠是大盤，不是散戶！

股市流傳一句名言：「人不理財，財不理你，散戶越理越少。」什麼意思呢？如果只是找一張穩穩的股票放著，那麼正常來說，體質不差應該就會配股配息，但是，近幾年來，很多散戶都期待靠短進短出賺大錢，這樣很容易看

不清楚波段的走勢，身邊就有不少朋友，總是進場「自以為的低點」，賣在「真正的糟點」，甚至更慘的心態是：只要買得夠低，小小虧損長抱是不會有問題的。

事實上，如果投資人有以上的心態，才是操作股票市場最大的問題，畢竟，除了要洞悉股市狀況風向外，更不能忽略消息面帶給民眾的心態影響；也就是說，像鴻海、台積電這些績優股，雖然長線看好，但是如果今天出現了一些負面的消息，或是大家對於郭董信心指數不高，股票走勢就有可能隔天應聲下跌，這應該就是台灣股市所謂的「愛之深，責之切。」因為股民們的期待值，造就了股票的行情價格。

反之，當我們不確定自己買的是抗跌的績優股，又不願意斷頭停損，所會影響的兩點就是，第一、如果前一檔股票沒有贏錢，就會影響投資下一檔股票的心情，挫敗感會讓心情不好，也會自我懷疑，心理素質不佳，就無法精準而客觀的挑股票。第二、多有賣在高點，少有賣在低點，這是心態問題，總是捨不得！沒有設定停損點，資金有可能會全軍覆沒，或是停損無法當機立斷，現金卡在股市，無法進行其他獲利更高的投資。

有一個家庭主婦的朋友，每天去菜市場之餘，就會開始看股票，只要當天價格跌下來，不論什麼樣的類股，她都會以偏低的價格買進，然後就等著價格上去，變貴的時候就要賣出，當然這樣的想法是沒有錯的，畢竟，要花很多時間研究**趨勢**、k線、箱型整理跟年線季線，對於她們來說，是有些複雜，而且每天家庭、事業兼顧，要耗掉不少的時間。

可是，這其中有點小小的迷思：

什麼樣的股票下跌時，值得進場？有沒有可能是公司內部的競爭力不足？這些懷疑的聲音就會出現，你還認為自己挑的是資優股嗎？還敢長抱嗎？

人性告訴我們，當股票上漲的時候，沒有人願意拋出，大家都相信這支股票會更好；但是當股票獲利快速下滑，或是發生虧損的時候，大家的支持度也會開始下滑，甚至產生滾雪球效應，也就是說，大家爭相拋售！

通常股市滾雪球下滑時，投資人心態就是如此思考，邏輯如下：

股價高想逢低買→股價下來開始進場→股價繼續跌我繼續買（明明就是往下**趨勢**）→股價跌破心理支撐，開始煎熬，畢竟賣出就是承認自己眼光失利（心理層面占大多

數）→股價破底，獲利大幅衰退，續抱→公司可能出現虧損，利空頻傳（前面的消息面影響股民信心，此時的股票支撐度也會較低）→認賠砍出。

由此看來，股神巴菲特操作的，不是單純只有股票商品的趨勢，也涵蓋了人性的變動，所以，當問題來了的時候，「股票」就變成容易受市場波動影響的理財工具；很多人都期待投資可以賺錢，卻沒有詳細思考風險跟可否預測未來，我過去的操作經驗回饋給我：如果沒有「思考風險」與「預測未來」這兩項，任何好的理財工具，都是「賭博」，大家認同嗎？

投資市場是一門藝術 永遠要留意自己情緒

我是一個好學生，我的經驗來自於實際操作跟請益過多位老師，最後，透過時間印證，才能跟大家分享。不論是什麼樣的投資理財工具，都有基本的心法，以及操作的方式；如果沒有搞懂心法，就貿然進場，容易觸礁而浪費學費；每一筆投資的費用，都是等於學費加上操作收益，進場沒有穩賺的投資工具，可是要從每一次投資經驗中，學會把上次的學費跟虧損，在下次的股票投資上賺回來。

在第一章中我們提及，理財要理好自己的生活所需跟現金流，接下來我們要慎選投資理財工具，可以負擔得起風險的情況之下，股票市場不失為資產配置的一項利器，1900 年最偉大的操盤人曾說過：「投機市場的競技是世界上最具魅力的遊戲。」股票的技術面我們聽得很多，可是股票心態上，我們也有幾個方向要跟大家分享。

股市名師蕭正崗老師曾分享：「什麼樣的人是不能進入股票市場的呢？約略歸類成四種人。」

第一種人．愚笨的人不能玩

第二種人．懶得動腦筋的人不能玩

第三種人．情緒管理不佳的人不能玩

第四種人．想要一夕致富的人也不能玩

為什麼呢？我個人分析如下：每家公司都有可能面臨到營收衰退、獲利不佳等問題；當問題來臨時，對於理財工具會有什麼樣的心態面對，對於長期投資的影響力就很大。當我們好不容易累積了第一桶金，想要進入投資市場，不能夠一次用完，因為手邊有子彈，就想要一夕致富，這樣就是賭博。

在前一章我們有提到，資產配置的比例狀況，也希望大

家在投資的時候，可以謹記：「雞蛋不要放在同一個籃子裡。」先評估風險損益，不要輕易做出浪費的投資。

投資股票的門檻跟步驟

雖然投資股票的門檻與房地產相比偏低，但是不代表每個人都有條件投資，建議擁有條件如下：

第一、沒有利率過高的短期負債，例如：信用卡卡債、或是年利率超過 10% 的銀行貸款。

第二、要有穩定的收入，生活保本為上。

第三、願意投資之前，花時間自己做功課。

第四、願意以中長期投資，換取穩定的報酬率。

如果可以先了解這些，就可以進入基本的門檻，尤其是第四點最為重要，很多人以為投資了股票，就要天天看盤，其實，中長期獲利的股票，重視經營績效跟公司體質，過度關心每天股價的變動，反而容易被市場牽著走。

step by step 選股一起走

股票的選定是有步驟的，而且需要一步一步按表操課，

這些功課要做足！

① **找出值得投資的初選股**：我們可以透過自學或上課，了解自己的投資個性，找出適合的股票，且淘汰自己財力不及的股票。

② **資料分析**：根據初選的股票閱讀公開說明書，了解其中幾大重點：公司概況、營運概況、營業計畫、財務概況（有多少資產、有多少負債、公司盈虧狀況、該年股東獲利狀況）

③ **產業分析**：產業前景好壞由三大管道判別，一、從自己熟悉的行業，了解客戶及同行看法；二、注意日常生活細節，比方說很多人使用 app 物流軟體這類資訊；三、廣泛閱讀產業新聞，不僅僅從電腦，也要涉獵報紙、雜誌。

④ **企業績效分析**：找出資料分析中的「財務概況」，看看近五年度的財務資料（A. 經營能力、B. 獲利能力、C. 償債能力）。

⑤ **企業未來潛力分析**：A. 企業過去成長表現 B. 企業營運計畫 C. 影響企業未來的消息面。

⑥ **股價合理性**：可以跟股票淨值做比較，當股價小於

淨值時，屬於合理股價，較具投資價值。

　　透過以上的心法分享跟選股小訣竅，比對個人的理財生涯規畫表，做好資產配置的準備，畢竟，在眾多的理財商品中，股票還是大家較為熟知，且容易操作的理財小幫手。

國際趨勢看外匯
熱錢強強滾

　　在經濟學體制下，我們都知道全球經濟概況，錢潮不斷流動，大家都在問，川普當選後，全球的熱錢流向哪兒？近幾年來，外匯交易市場成為金融海嘯後，增長最為快速的市場，為什麼呢？當金融海嘯後，各國為了要救經濟的手段，就是印鈔、印鈔、再印鈔，世界因為政局、經濟、軍事狀況有所波動的時候，幣值就會起起伏伏，而外匯最有趣的地方就是，當幣值起伏的時候，就有了價差獲利的空間，所以很多人，都想要利用外匯操作槓桿，倍增個人的資產。

　　甚至連一些台灣的上市上櫃公司，也利用外匯操作，創造巨額的被動收入，利息收入高達數億美金，在《地球是平的》一書提及，我們是地球村的概念，也就是說，外匯賺錢沒有時間限制，我們在台灣，一樣可以看英國的匯市，加上外匯可以是兩樣貨幣的雙向交流，可以在賺了美金匯差後，快速購買人民幣，這似乎是一門一本萬利的好投資。

實際上，我們都知道，外匯市場是一個隨時可以進場的理財工具，所以對於沒有時間可以關心股市的人來說，更為隨機跟靈活，不受時空的限制；比如說：之前日本有些渡邊太太（渡邊是日本家庭主婦最常見的姓氏）除了星期六、星期天和交易中心所在國家的重大節日外，將世界各地的金融中心，按所處位置輪流運轉，在整理完家務或是夜深人靜時，都可以上網觀察自己的投資標的，也因為便利性高，日本大量主婦投入買賣，當時這群家庭主婦，還曾經影響過整個國際貨幣的趨勢。

過去，外匯市場的主要目的，是允許企業經由轉換不同的幣種，來促進國際間的貿易和投資，舉例來說：它允許美國企業進口英國商品並以英鎊支付其費用，儘管該企業的收支是以美元計算，它也支持貨幣投機行為和套利交易，不少企業可利用中間的匯差獲利。

外匯市場

外匯是什麼？外匯交易中，所謂外匯，是以一個國家的貨幣，兌換另一個國家的貨幣；匯率則是指一國的貨幣及他國貨幣的兌換比率，很多人喜歡出國前，就在匯率低的時候，先買一些貨幣，未來出國除了賺了匯差，也有儲

蓄保值的功能；那麼外匯就是當我們出國換外幣，約略為 1 美金兌換 30.2 新台幣，我們可以買進口汽車、購買外國商品、ＬＶ包、買紐西蘭進口奇異果……等等，台幣幣值大的時候，可以買比較多外幣，也就等於可以買比較多商品；反之，如果台幣幣值比較小的時候，換得外幣比較少，可以買的商品也就相對少。

然而根據資料分析，我們可以了解，國際外匯市場每日交易量約為 6 ～ 7 兆美元，但是這塊大餅，我們一般民眾吃得到嗎？目前外匯市場的參與者，主要包括各國中央銀行、商業銀行、非銀行金融機構、交易商及大型跨國企業……等等，因為要透過這樣的機構，相對大餅就被分食了，但是目前透過線上交易系統，可以改善這樣的狀況。

進而，我們可以依據基礎貨幣比照相對貨幣，英鎊比對美元，假設是 GBP/USD 1.2258，1 英鎊可兌換 1.2258 美元，而且 1 美元比對日圓，假設是 USD/JPY，1 美元可兌換 113.7 日圓，網路上可以查詢到每日貨幣兌換的價格。

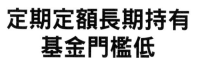

定期定額長期持有
基金門檻低

很多人都擔心自己沒有多餘的錢可以「投資」！請問大家，覺得投資需要多少錢呢？當然，對於一些完全沒有理財觀念的人來說，可以改變觀念，光是改變月光族甚至負債的不良消費迷思，已經是一項大進步，存下錢已經不容易，投資這種需要金錢的事，談何容易。那麼我們從存錢開始談起，想要慢慢靠複利價值存錢的人，不妨從每個月低門檻的基金扣款開始！

基金扣款究竟門檻有多低？每個月只要 3000 ～ 5000 元，基本上只要有銀行帳號，網路上就可以購買喜歡的基金，在不造成生活壓力的前提之下，不失為一個中長期存款的好方式，怎麼說呢？

舉例來說，有一對剛生完孩子的爸媽，希望在孩子升國中前，可以存到一筆教育金。

一天如果少喝兩杯咖啡，可以省下約 100 元，一個月可以省下三千元，每個月五號扣款，一年可以省下三萬六千

元整,如果每年的年報酬率為 5%,經過 15 年後,約可以存下 80 多萬元,也是一筆可觀的現金。

第一年 36000×1.05 ＝ 37800

第二年（36000+37,800）×1.05 ＝ 77,490

第三年（36000+77,490）×1.05 ＝ 119,164

第四年（36000+119,164）×1.05 ＝ 162,922

$\vdots$

第十五年＝ 815,669 元整

當然,相較於保險跟股票,基金還有另一個好處,就是可以隨時解除領回,且風險低,不過,先決條件是不影響生活,運用完全不會用到的閒錢,在資產配置比例中,占有比重較低,投資報酬率也比定存高一點而已;不過我有一個朋友就很厲害,挑到了前五大的好基金,每年的複利滾存將近 20%,這樣滾出來的效益,就超過了原本他的預期,也不知不覺中養了很多啞巴兒子（房子）,多了一些私房錢,可以每年國外旅行、跟家人一起度假吃大餐的娛樂。

節稅功能佳 投資標的多元

近幾年來稅制一直改變，不論股票（證所稅）、或是房地產（房地合一稅）的投資，都需要繳交不同的稅目，也因此削薄了獲利的 % 數，基金本身具有節稅的功能，獲利直接滾到本金中，節稅功能相對較佳。

基金的投資標的相當多元，遍及世界各國的銀行、公司股票、政府債券等，一般來說，上網登入就可以購買，目前銀行會依照投資人的財務狀況，評估出可購買哪一種基金，譬如穩健型基金、保守型基金等等，但仍須要提醒投資人，單筆投資要設定停損點，才不會導致損失擴大。

房地產市場震撼彈

　　台灣房市一波三折，從 2010 年後，政府針對抑制房價市場，推出一波又一波的政策，如當年 911 大地震一樣，無預警的速度，讓不少投資人頻頻搖頭，開始轉換資產配置狀況，當然，也有不少年輕人，乘機買入了人生的第一間不動產，成為了有房階級，我們常說：「危機就是轉機。」只是，大家都準備好了嗎？還是仍停留在理論操作，不敢真槍實彈的進場呢？有學員跟我提及：「琇華，現在酸民很多，我們還是一起用實績來證明吧。」我一笑置之，師父領進門，修行在個人，我覺得自己的人生自己決定！

　　根據內政部統計資料中顯示，全台近十年來，建物買賣移轉棟數趨勢下滑，這些數字代表什麼呢？表示國內對於買屋賣屋市場的成交買賣，漸漸沒有興趣。市場風向球已經無法預測，全被近年來的政策打亂了。

全台近十年來建物買賣移轉趨勢圖　　　　　　資料來源：內政部統計處

　　怎麼說呢？我們來評論一下，自 2011 年的第一波震撼彈，奢侈稅上路，大家還記得那年六月份，奢侈稅先公布，號稱專打名下持有兩戶房子以上的投資客嗎？當時沸沸揚揚炒了半年，進到 2012 年，不少仲介業者疲於奔走，替投資者處理名下不動產的稅制問題，當時候雖然投資客滿頭熱，但是成交量卻絲毫沒有減少，大家對於房市信心度還夠，畢竟，上有政策下有對策，多數的投資人還是看好大環境的支撐度。

100~105年 台中市區交易量

行政區	100年				101年				102年				103年				104年				105年			
	Q1	Q2	Q3	Q4	Q1	Q2	Q3	Q4	Q1	Q2	Q3	Q4	Q1	Q2	Q3	Q4	Q1	Q2	Q3	Q4	Q1	Q2	Q3	Q4
中區	55	52	37	9	57	62	61	115	34	69	94	72	54	80	66	95	45	59	86	74	35	46	52	40
東區	119	132	182	18	93	111	96	133	88	149	108	195	91	103	86	88	71	94	64	89	45	74	70	90
南區	349	308	280	59	226	338	313	306	227	329	360	321	286	308	264	333	187	222	186	239	106	166	176	189
西區	448	395	312	79	297	418	369	391	339	422	418	386	306	343	328	298	217	260	200	248	127	199	202	199
北區	1,070	1,025	791	710	631	901	789	724	683	965	896	1,053	800	905	745	745	499	535	476	628	260	451	448	438
西屯區	2,203	2,457	1,586	1,286	1,080	1,712	1,570	1,544	1,416	1,821	1,666	1,776	1,418	1,471	1,445	1,258	1,564	909	804	1,003	483	699	710	691
南屯區	950	956	955	655	618	876	670	953	664	822	808	1,061	613	725	725	924	739	518	420	481	209	384	372	338
北屯區	1,676	1,137	1,004	828	933	1,181	1,070	1,123	807	1,549	1,389	1,149	1,149	1,132	1,068	1,412	1,207	842	681	647	377	530	553	526
合計	6,870	6,462	5,147	3,644	3,935	5,599	4,938	5,289	4,258	6,126	5,739	6,810	4,717	5,067	4,727	5,153	4,529	3,439	2,917	3,409	1,642	2,549	2,583	2,511
台中市	22,123				19,761				22,933				19,664				14,294				9,285			

資料來源：內政部不動產交易實價查詢服務網

　　但是我們可以看到數字會說話，這幾年下來，北中南的市場成交量不會騙人，100 年～ 105 年的台中市場交易量，從 22,123 戶萎縮到 9285 戶，掉了將近 4 ～ 5 成，當然好壞參半，好處就是市場價格回穩，壞處則是投資客缺乏獲利空間多退場；高雄在 100 年～ 105 年的市區交易量，也從 26,126 戶縮減到 20,582 戶，多少都受到了政府消息面的影響。

　　加上，政府對於抑制房價的決心，越來越強大，所以在隔年追加了實價登錄，讓我們的房市買賣交易，更加透明化，讓買賣方公平公正公開化，這樣的政策，又再次打擊了投資人進場意願，畢竟，不動產買賣，就是一筆龐大的資金，買屋賺價差的時代，已經過了，那幾年雖然買賣成交價格量縮價平，卻不至於影響到民生消費市場。

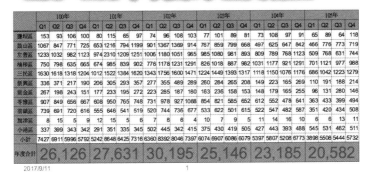

100~105年 高雄市區交易量

	100年				101年				102年				103年				104年				105年			
	Q1	Q2	Q3	Q4	Q1	Q2	Q3	Q4	Q1	Q2	Q3	Q4	Q1	Q2	Q3	Q4	Q1	Q2	Q3	Q4	Q1	Q2	Q3	Q4
鹽埕區	153	93	106	100	80	115	65	97	74	96	108	103	77	101	89	81	73	108	97	91	65	89	64	118
鼓山區	1067	847	771	725	653	1216	794	1199	901	1367	1369	914	767	859	799	668	497	625	647	842	466	776	773	719
左營區	1233	1032	982	1123	974	2310	1209	1251	1006	1180	1051	965	985	1080	981	893	809	789	768	1123	509	768	631	744
楠梓區	750	798	635	665	674	985	839	902	776	1178	1231	1291	826	1018	887	982	1031	1177	921	1291	701	1121	977	988
三民區	1630	1618	1318	1204	1012	1522	1384	1620	1343	1756	1600	1471	1224	1449	1393	1317	1118	1150	1076	1176	686	1042	1223	1279
新興區	336	371	217	190	206	305	293	357	277	355	489	289	260	284	265	208	149	223	165	269	110	191	188	214
前金區	267	198	243	151	177	233	195	272	223	285	187	180	163	236	158	153	148	179	165	255	96	131	280	146
苓雅區	907	849	656	667	608	950	765	748	731	978	927	1088	854	821	585	652	612	552	478	641	363	433	399	494
前鎮區	739	691	720	616	555	646	541	519	520	744	736	677	533	622	501	615	522	547	482	587	351	420	434	508
旗津區	8	15	5	9	12	15	5	6	7	8	6	4	10	7	9	5	11	14	16	10	6	13	11	
小港區	337	399	343	342	291	351	335	345	502	445	342	415	375	430	419	505	427	443	393	488	545	531	462	511
小計	7427	6911	5996	5792	5242	8648	6425	7316	6360	8392	8046	7397	6074	6907	6086	6079	5397	5807	5208	6773	3898	5508	5444	5732
年度合計	26,126				27,631				30,195				25,146				23,185				20,582			

2017/9/11　　　　1

資料來源：內政部不動產交易實價查詢服務網

　　第三波震撼彈，則是 2016 年的房地合一稅，稅制本身的立意是好的，卻影響到房屋土地的持有人，房地合一增加了稅收，以致於將這些莫須有的成本，反映在店租、房租成本上，不僅僅空屋率高，也影響了店面承租意願。到今年度的一例一休上路，除了影響到投資人、土地持有人，更甚至影響了中小企業主，營運人事成本增加，讓更多人不知道該如何苦撐下去，生意難做，退休跟養老金要從哪兒來呢？

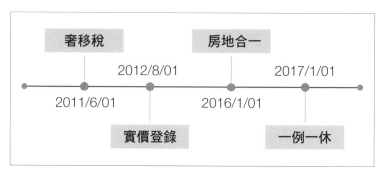

回顧這幾年影響經濟的震撼彈。

　　我們可以理解政府想要平衡房市狀況的美意，在 2011 年之前，確實房價有逐年升高的趨勢，但是在這一波又一波的衝擊下，從前一頁表單，我們可以看到買賣成交量驟減。

　　這讓很多民生經濟學者相當恐慌，畢竟過去稱「房地產是民生事業的火車頭」這樣的民生消費市場，已經跟過去不一樣，景氣不知道什麼時候會回升，加上物價快速飆升，為了對抗通貨膨脹，大家要居安思危，一定要開始想盡辦法創造被動收入，才能避免長期抗戰的彈盡糧絕，現在的數據未來也會再變動，隨時保持彈性是我們的長期目標。

　　換言之，我們應該讓錢自己流進來，大家一起試想看看，如果有一天，你早上起床，再也不用擔心上班遲到，也不用擔心老闆難相處，也不用擔心要看老公 / 老婆臉色，

伸手要錢，出國玩一個月不上班，帳戶也會有錢進來，孩子想要買什麼，都可以讓孩子開開心心的買到，這樣的生活，你想要嗎？原本這是我們夢想中的生活，讓生活自由不受限，可是想要真正落實在生活中，就要建立財富自由的管道，被動收入的管道越多，自由的空間就越大，想飛多高就有多高，當然這樣的管道越早建立越好，就可以拓展更多的事業版圖，我現在成立了方程式公司，正是為了將這些經驗分享給大家。

👜 房市是一個長期看漲的事業

為什麼不動產在東方人的國家，是長期看漲的事業？不少的政局是以古鑑今，但是民生經濟已經過了「以古鑑今」的時代，還要考慮當下的人心變動程度。

比如這個問題我詢問過非常多的學員：「如果有能力，你想要買房子嗎？如果有能力，你想要賣房子嗎？」多數人會回答：「是的，如果有能力，當然要有房子，可以留給子孫；如果不缺錢，幹嘛賣房子，可以留給子孫。」是的，在東方人的傳統想法中，有土斯有財，只要有能力，當然要買一間，現在沒有買，未來也是花光光，什麼都沒有留下。在做任何投資之前，建議先觀察區域環境，地點及多

數人的想法，也會影響到居住房價。

此外，經濟學概論中提到，動機跟規則影響了未來的行為；也就是說，大家都知道房子等於錢，未來大家還是會想要留財產，那麼房價下跌的機率，只是短期的現象，最後，還是會回到穩定的價格，只是面臨市場波動，你要怎麼應變？蔡志雄律師曾經在《我是 612——我當包租公》一書中提到：「不可能一直都維持在高房價的時代，短期來說當然是租房子好；但如果以一輩子的時間來看，當然是買房子好，但是要選擇適合價位再進場。」

上述我們根據市場波動，分析了近幾年來國內的房市政策面，雖然看起來對於整體的房市是看空，房市價格已經下滑，回到合理價格，既然等了這麼久，等候多時的人，就可以準備進場了；如果已經有房子的人，又要做出什麼因應對策呢？就要思考如何轉換資產，將過去賺價差的思維，轉變成長期持有，被動收入，什麼意思呢？也就是說，資產配置腦筋要靈活，最好的狀況是進可攻，退可守。

我們用賣雨傘的狀況來分享，不論晴天雨天，我們要懂得調整，如果雨天生意好，雨傘就會賣得很好，是主要的獲利來源，但是如果晴天沒有生意的時侯，就可以調整

獲利的商品，進一些陽傘來販售，也可以增加獲利；在資產上來說，假設股市大好，當然可以用股票來變成主要獲利來源，可是如果股市不太好，那就可以配置一些房地產，收租金來增加收入，而股市的比例變成 70%，房地產 30%，如果未來房地產大好，也可以減低股市收益，主攻房地產，這就是進可攻、退可守的策略。

還是老話一句：「**雞蛋不要放在同一個籃子裡。**」舉例來說：

我有一對台北的朋友，剛結婚也工作了一陣子，先生是教職人員，另一位則是 SOHO 族，太太今年剛生了孩子，在家帶小孩，兩個人薪水當然也沒有很高，加起來約 8 萬上下，堪稱夠用，但是這對夫妻非常有趣。

名下有了房子卻租給別人住，而自己則去跟別人租房子（三房兩廳），還分租給別人，大家知道為什麼嗎？

問過他的算法後，我發現可以跟大家分享：

那對朋友說，因為他們目前房子，沒有辦法賣到好價格，又不希望薪資八萬都拿去繳貸款，所以把比較漂亮的房子，用 1 萬 5 的價格出租給別人，由租金繳納貸款。

然後找了一間比較舊，五樓要爬樓梯的房子，是很大的三房兩廳，大概租金 8 千，因為房間很多，他們又邀請了另外一位朋友一起住，那位朋友願意付一半的租金。

　　我問他：「這樣你們不是比較辛苦？漂亮房子給別人住？」

　　他說：「房客幫忙出房子貸款的一萬五，讓我們在資產比例上，居住開銷變低了，才四千元，但是 10 年後、20 年後，我們老了還是擁有一棟房子，屆臨退休年齡，也不用看小孩臉色，自己還是有收入。」

　　除了他們的案例，我跟大家再分享一個前同事的例子。

　　我有一個軍職的同事，她跟她的先生，多年前就靠理財的方式，省吃儉用存下第一桶金 200 萬，在他 40 歲那年（當年房貸利率還要 5.8% 的年代）她跟先生快速的還完了貸款，擁有了第一間房子，因為利率比較高，10 年內就快速繳清了，先出租給自己的小叔，每個月多了 8000 元收入。

　　在她 50 歲的時候，又用第一間房子去貸款，買了第二間房子（此時房貸利率已經降到 2 ～ 3%），因為利率比較低，所以他們決定慢慢繳，又把房子出租給房客，自己去

住女兒家。這位朋友常常在課堂上分享：「出租房子到最後，我們都會捨不得住，因為每一間房子，都可以幫我們賺到很多錢。」遵循著這樣的模式，這位同事目前退休了，有兩間房子在收租，每個月有 3 萬元的基本生活費。

以上兩個都是真人真事的案例，透過這樣的案例，也讓大家了解，房地產投資不是一成不變的，回到我們第一章所提及的理財原則，為了達成財富自由的目標，我們要懂得在市場變化的時候，做好因應的準備，接下來幾個章節裡，我們也會告訴大家如何做到，這些都是我個人非常寶貴的經驗分享，讓我為大家一步一步建立財富商數，請記得，只有大腦想法改變了，未來才會改變！英國首相柴契爾夫人提及過：「你的思想決定你的語言，你的語言決定你的行動！」

當我們開始改變這些邏輯，漸漸也會有良好的資產配置，建議大家可以像圖表裡面的方式操作，拿 40% 創造現金流， 60% 則拿來保本，就像以下的本金如果有 100 萬，然後拿了 40 萬，如果可以找到好的理財商品，有 30% 的報酬率，一年就會有 12 萬的被動收入，而原本的 60 萬，如果可以放到保本的商品中，透過時間的累績，可以增值回到 100 萬，相當於原始投入的本金，最差的情況 40% 的投

資金額全賠了，至少還是保有 100 萬的本金。

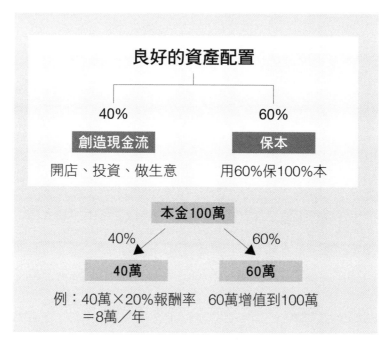

當我們開始建立財商邏輯，漸漸就會有良好的資產配置。

第三章

包租婆企業管理學

買房子，你準備好了嗎？

很多人問我，在房屋致富經驗中，買房子選對地點一定賺錢嗎？雖然買屋地點很重要，但是買房子就像投資股票，即使你買在北中南區域的蛋黃區，假設對於當地房價不夠清楚，還是可能因為買在高點而被套牢。

這是什麼意思呢？我認為四個字「買、賣、勢、穩」很重要。買的意思除了地點買得好之外，還要買得夠便宜，不論是北中南的那一個區塊，都要去瞭解當地的出租行情、買賣行情，近五年內的社區住戶的遷移狀況，甚至當地的學區人口數、居住地人口數……等等。

此外，買的時候要考慮「賣」時，大家是否會搶著要？還是要賣時，價格卻跑不動呢？這樣就比較不容易賣出，像股票一樣被套牢的機率就高了一點；我們要規畫的房子，就像百貨公司拍賣思維，名品特賣區一折起，就會有一堆人搶破頭，因為是屬於搶手的物件。

加上未來的趨勢，就可以長期抗跌，不擔心賣出沒人要，舉例來說：附近有運動公園，或是影城、百貨，也是

人們所喜歡居住的趨勢，要考慮人心所嚮往的地方。最後，要想想看，這個區域長線看好嗎？如果長線是穩定的，就不用擔心短期房市價格的震盪跟波動。

👜 天時？地利？購屋好時機

「什麼時候是購屋的好時機？」每回我去上課，大家都會跟我請教這個問題，實際上，對我來說：「任何時機點，都是購屋的好時機！要看怎麼買，買在哪？怎麼賣，賣多少。」

以目前所有的新聞消息，跟我們第一章所提到的政府政策面來說，很多專家學者都認為，房市的未爆彈不斷，人心惶惶，加上稅金尚未明定方向，不論何時進場，都要先做好長期獲利的規畫，股神巴菲特名言：「別人恐懼時要貪婪，別人貪婪的時候要恐懼。」過去沒有房子的人，可以考慮區域總價、區域未來發展性，以及個人可以承擔的價格進場，想要把握黃金槓桿原則，就要考慮大環境的變動性，隨時要有應變的準備心態。

以大環境來說，目前銀行推出十年來的最低利率房貸優惠，約 1.7 ～ 2%，加上貸款年限增至 40 年，可以降低投資

人的貸款壓力，之前我們就有提過，低利率適合做黃金槓桿，慎選區域的條件，媒合過後，依然會有獲利的空間。

🛍 投資買房如何賺到錢？

過去十年間，有很多人都在討論，投資分租套房的投資報酬率很高，更甚至網路上有提到，每年將近 15%，很多人會問：「怎麼可能台北房子那麼貴，出租的投報怎麼可能這麼高？」其實大部分的人都被迷惑了，會賺錢的出租套房，不一定是價格昂貴的市區，而是要精算房屋取得價格，與房租獲利方式，每個人都想要知道有沒有什麼訣竅？為什麼自己的房子只能出租到 3 ～ 4%？

很多人想要改善自己的房屋獲利狀況，要先有幾個方式的操作，我們在第一章裡面，提到的幾個理財觀念，大家還記得嗎？還是老話不嫌多，「知道不等於做到，做到了就賺到。」有學員問說：「房地產投資金額這麼大，一定會賺嗎？」根據我十多年操盤下來，小物件賺小錢，操作就會學到經驗，最後終會賺到大錢。

🎒 發財密笈第一步：黃金槓桿你操作了嗎？

　　以房養房，滾出好利率；在團隊裡，我們都會先讓學員做包租公的條件演練，再看看大家各自會有多少的投資報酬率。

　　舉例來說：小青、曉華跟俊銘三個人，各自擁有 200 萬元，也都想當包租公。投資條件全都一樣，租金報酬率有 6%，貸款年利率為 2%。小青因為家裡有兩個小孩在念書，保守全部以現金買入房屋一間，每年收取 12 萬的租金，總報酬率為 6%。

　　曉華則是剛跟老公結婚，是個穩健的投資者，認為包租婆風險不大，以每間自備款 100 萬、另外貸款 100 萬，買入 200 萬房子兩間，也就是自有資金 200 萬元，另外 200 萬元以貸款方式取得。曉華的年租金收入提升為 24 萬元，扣除 4 萬的利息，淨收入還有 20 萬元，相當於 10% 的總報酬率。

俊銘則是單身黃金漢，想要有自己的事業版圖，喜好風險性投資。俊銘以每間房屋 40 萬自備款、另外 160 萬貸款，買入 5 間房屋。同樣自有資金為 200 萬，但貸款金額高達 800 萬元。這樣年租金收入就有 60 萬元，扣除利息金額 16 萬，賺 44 萬元，相當於 22% 的總報酬率。這三個投資者總結如下：

投資者	房屋數量	槓桿倍數	租金收入	利息費用	淨收入	總報酬率
小青	1	0	12 萬	0	12 萬	6%
曉華	2	1	24 萬	4 萬	20 萬	10%
俊銘	5	4	60 萬	16 萬	44 萬	22%

投資 200 萬，投資報酬率 6%、10%、22%。

　　這三個投資者，因為人生規畫不同，可接受的風險承受度也不同，財務槓桿也大大不同。

🛍 發財密笈第二步：房市看跌做出租

　　我也曾經質疑過自己的投資理財思維，一開始大家都覺得我是瘋子；我當年投資人生第一個物件的時候，我爸就以為我瘋了，還在馬路上對我罵了近半小時三字經，親戚也笑我，我只能想辦法證明給他們看，經過了這幾年的發展，以及我聽過很多房產專家的操作方式，印證了我個人的想法。

　　包租公律師蔡志雄在《我是 612－我是包租公》一書曾經分享：「房市一定會有上漲跟下修，房市下修的時候，就是要做包租公，把房子出租給別人，如同定存的被動收入，等到房子上漲回來，就賣掉賺價差。」當然，這也是要看北中南區域房價跟地段後，再做出風險控管跟分析，我們在後面的章節，會教大家一些「小眉角」！以下先來

舉個操作演練案例。

媽媽擔心如花未來沒有結婚的打算，又不想要跟家人同住，所以在 15 年前，大學剛畢業的時候，就介紹如花去買了一間位於高雄市巷子的 32 年老公寓，大概是 300 萬上下、3 房 2 廳 1 衛。

經過詳細規畫，將所有的房間打通，另外隔成 4 間各自擁有獨立衛浴設備之套房。整個裝潢及家具的費用，得額外投入 170 萬費用。

有學員問我：「為什麼要改成這樣呢？直接一整層出租不好嗎？」其實沒有好跟不好，只是出租的人想要有多少的投資報酬率？想要出租多久？會吸引到什麼樣的租客？這些都是一種長線規畫的思考方向。

我的經驗分享是，大家如果想讓整間房子的出租報酬率拉高，間數不一定要增加，但是總租金收入要比較高，對吧！那麼總租金收入拉高，就是出租的房價要比較高，透過房屋裝修，美化了出租的屋況，吸引到的人，都是願意為了承租比較舒適的空間，花費比較高的人，最終我們的目標是：穩定收入、住得久、愛惜房子的租客。

所以，我們作了以下的小改善：

第一、每間套房都有窗戶，可以吸收外來陽光，提升出租之價位。每一間套房均以每月八千元出租，押金兩個月，合計每月可以收租 3 萬 2 千元，亦就是每年可以有 38 萬 4 千元的收入。

第二、每一間都有小陽台，在改裝時，我發現預留小陽台給租客，是另一種增加通風跟採光舒適度的方式，也是物件的差異化，很多套房空間都塞滿滿的，讓人覺得很密閉及壓迫感，但站在提供租客舒適度的角度，我願意把這樣的空間讓出來，試過之後，發現租客幾乎都相當滿意；在景觀造景上，陽台也是相當舒適的空間，如果有更多的預算，我們也會將植物與陽台再做結合。

第三、衛浴採用高級的單體馬桶設備，很多人看過套房衛浴，都會驚呼：「哇，好像高級飯店的浴室，有馬賽克磁磚跟頂級馬桶耶。」其實，每天上班回來，除了主臥外，浴室也是很容易讓人放鬆的地方，但是很多屋主會忽略，就是都長得一樣，然而只要多花點心思，增加牆面的豐富性，回家都有住飯店的感覺，租不同間，就好像又住了新的飯店，很有趣！

透過這本書，我們想要呈現的，並不僅僅是觀念，除了讓大家對於基本的財務槓桿原理及出租改裝增加一些概念，也要分享一些生活空間美學跟品味。

　　理財需要基本功，我們要先從預算、房屋取得方式，以及談出好條件開始，要先有房子，才可以了解租客需求，動手改造成租客喜歡的舒適空間。

左：預留小陽台給租客，是增加通風跟採光舒適度的方式，也讓物件有差異性。
右：浴室牆面設計活潑，讓房客多一個舒爽的小空間。

　　再舉以下例子，解釋利用空間，如何可以裝潢出不同的風格。

　　跟大家分享的是高雄鼓山區兩房案件。

　　本案為 2 房新成屋，屋主買來投資之用，因屋主不是

高雄當地人，購屋之後空置許久遲遲未找到租客，後來屋主找到我公司，以約 35 萬預算，透過空間規畫和巧手改造後，也經由租屋管理部門，迅速且順利找到租客，每間以每月 21,000 元出租，除了大大活化屋主的資產，因為屋主人不在當地，有人專門代管，也省去屋主直接面對租客的繁瑣雜務，比如說：水費、電費、第四台變更，以及其他相關瑣事，屋主可以不用親力親為，就可以每個月有錢收，當然屋主都相當滿意。

照片裡就是浴室的牆面，相當活潑有趣，不少房客都跟我們反映，每天都想待在廁所裡不要出來，雖然套房坪數不算大，但是有了這樣的小空間，整個心情都舒爽了起來，就是非常不一樣。

高雄鼓山區兩房

你準備好足夠的預算了嗎？

　　每間房子區域行情都不同，而且每個人的收入與需求不同，購屋前，不妨先參考銀行鑑價，找出適合自己的房貸模式，因為省下的本金及利息有時可高達百萬，相差很大；當然，也有人表示自己又不熟房產，畢竟沒有人天天在買屋，大家通常是臨時抱佛腳，聽取房仲的片面介紹，但是，天下沒有白吃的午餐，不論任何投資，我們都應該要自己做功課才對，關鍵在先估貸款再出價！

　　舉例來說：我有一個女性朋友小君，小君一開始並沒有想過要買什麼樣的房子，只想著先存自備款，等存到錢再說，一存到自備款，就開始找房仲看屋，結果跟房仲廝殺半天，終於把一間台中的公寓砍到了 600 萬，手上的錢也剛好可以付兩成的自備款。想不到！問題才真的開始，付掉了頭期款 120 萬，小君等於每個月要付將近 2 ～ 3 萬的貸款，未來 20 年都如此，這數字讓她覺得生活品質不見了，因為一個上班族，幾乎所有薪水都付房貸了，每年少了旅遊的基金，跟朋友交際的費用也縮減很多。

　　這是很多年輕人購屋都會碰到的問題，沒有先了解個人

的貸款能力，也沒仔細評估每個月的還款能力。其實這些都是基本功，在你想當「包租公」那一刻開始就該建立以下概念！

第一、與銀行保持好關係，或成為銀行的 VIP，可提升貸款額度，銀行存摺、薪轉往來，可以提高個人的信用評價等，資金還能靈活運用，我們就可以取得比較好的利率，降低貸款壓力！

過去我曾經遇上一些朋友，平常是不使用信用卡的！因為他們覺得欠銀行錢是不好的事情。其實這樣的觀念沒有錯，可是到了購屋時，就有點吃虧。有人聽到我這樣說，非常吃驚！「怎麼會呢？不欠銀行錢，不是非常好！這樣都沒有負債。」沒有負債真的很好，但是沒有貸款、都是使用現金，就沒有與銀行往來的信用紀錄，大家知道嗎？銀行在貸款給客戶的時候，會根據客戶平日與銀行有沒有保持良好的借款、還款紀錄，也就是說，如果你是一個上班族，假設每個月信用卡借兩萬，也準時「全額」還款，經過了幾年後，銀行可能會因為你的信用良好，而調高借款的額度，千萬不要只付「最低」還款金額，或是遲繳，這樣銀行信用紀錄就會較差，銀行較不願意幫助你支付貸款金額。

為什麼這個非常非常重要呢？因為我們在第一章有提及「黃金槓桿」；想要讓銀行願意與你合作，就要靠平常的信用累積。

　　第二、累積仲介人脈。為什麼呢？因為當我們跟仲介保持良好關係，一旦仲介有好的物件，還沒有放到網路上銷售之前，就會優先通知我們，這樣取得價格會比較低，甚至可以拿到地點、屋況都比較好的物件。前文也有提到，想要保證投資獲利，需要「取得成本便宜」！

　　有個有趣的例子，某一次有個學員問我：「老師，為什麼你的物件都比我們好，買得又便宜，仲介怎麼那麼不公平？只跟你說，不跟我說，因為你比較有錢嗎？我也有啊！」好物件釋出不容易，比方說好的社區，條件好又便宜的物件，可能只有幾戶，當大家的條件都一樣，貸款資格優、自備款足，仲介選擇也多了，優質的客戶，會讓仲介人員願意優先將消息釋出給你。

　　明星何篤霖就曾經說過：「忙於正財的人，就要好好感謝這些辛苦的仲介，幫我們篩選出會賺錢的房子，要相信專業、感謝專業。」

　　除了房仲人員，銀行人員也要保持良好關係，這些都是

相當重要的人脈平台，如果想要取得法拍屋、金拍屋，可以透過他們了解相關訊息，畢竟，法拍屋的價格低於市價好幾成，如果有可遇不可求的好物件，當然希望得到第一手的訊息。

第三、不懂區域行情，小心變成冤大頭。仲介累績很多在地區域的經驗；物件之前發生過什麼樣的事件？物件換了幾個屋主？買賣區域行情如何？這些都需要在地深耕房仲市場才懂得的，所以，結交在地居住深耕的仲介人員、大樓管理員、銀行人員，避免買到凶宅，或是成為冤大頭。

新聞曾經報導過，有人因為房屋取得價格便宜，專門買凶宅，因為曾經上過電視，也有人報導，大家才會知道是凶宅；多數區域，因為在地鄰居會擔心影響區域房價，都不願意透露這些訊息，甚至會刻意隱瞞，這樣我們怎麼知道買到的房子，會是什麼狀況呢？就像不少明星去看預售屋，最後發現附近有靈骨塔、或是正對亂葬崗是一樣的。

所以，對於區域行情，我們除了從內政部實價登錄網及銀行鑑價來了解，也可以打電話去問幾個當地的仲介業者，最後要自己跑一下附近的廣告看板，問問大樓管理員出租、出售價格，才能減少這樣的狀況發生。

第四、新手選屋第一步，購屋環境仔細看。我們常說看屋就像挑老婆，不要只有一面之緣，可能要多幾次實地勘察，才知道可不可以「娶」回家！看屋也是一樣，不可以只有看房子內部的裝潢，一個化妝化得美美的女生，也要看看她卸妝的樣子，我們可能看不到房子的裸屋，可是附近的環境要看清楚。

比方說，旁邊是不是市場、晚上會不會很吵、下雨天會不會漏水。有一些房子標榜在鬧區，生活機能方便，但是一到晚上，樓下的夜市就阻擋了住戶的交通，出入不方便。低樓層也需要有隔音氣密窗，不然非常嘈雜，常常影響住戶睡眠，這樣的環境就要靠後天裝潢克服。

我有一個同事，她買了一個物件是頂樓加蓋，當時她就是覺得 4+5 樓，有頂樓的使用空間，等於用一層的錢買了兩層的空間，後來就請人家隔成套房出租。一開始都想得非常完美！打算要好好享受包租婆的生活，但是呢，經驗不足，卻讓她的美夢小小破碎。

怎麼說呢？因為她購買的時候，沒有在下雨天去看房子，而且是原屋主已經裝潢好的分租套房，所以，交屋之後，居然出現下雨天漏水的問題，也就是說，想要真的當

上包租婆，還要先花上一筆頂樓修繕的費用，不然樓下雖然有四間套房，可是一遇下雨天就會漏水，也無法出租，還好後來我們推薦了老經驗的修繕師傅，改善了壁癌跟結構牆面，才讓她順順利利當了包租婆。

透過以上的四點，我們可以好好了解個人購屋需求跟價位，我們要把「包租公」當作一門企業在經營，所以長線布局是必要的。如果沒有這樣的心理準備，單純想省錢買屋，往往除了不能買在低點，未來想要脫手或是出租，都會影響到投資報酬率及價差。有些人甚至會把這些區域行情做成 excel 表單，時時更新，也不失為一個長期規畫的好方式。

房屋買賣議價技巧

3-3

　　當我們千辛萬苦找了喜歡的房子，做足了功課，就要準備出手了！很多人都說過：「出手要快狠準，但是不要強求！」所謂，快狠準，就是喜歡要快快買、價格要狠狠砍、價格落點要夠精準，但是「一口價」出完，就不要強求一定會買到，因為屋主如果不願意賣，那就不要強求，要站穩自己的立場，因為現在的取得價格，會影響未來的投資報酬率，不能輕忽。

🛍 根據我多年經驗，釋出以下的訣竅分享！

第一、與房仲談判議價要有心理策略。

　　以銀行鑑價為基礎，與房仲議價時價格慢慢加，加價最多以 4 次為限，可以保留 5% 議價空間，見面談大致約 2~3 小時，基本的策略步驟如下：

　　① 一口氣加 50 萬（✕）：有些人一口氣加，最後會雙方僵持不下，完全沒有給空間議價失敗。

② 5萬加價10次（╳）：心裡雖有底價，但是次數太多、太瑣碎，對方也會沒有耐心，失敗。

③ 5、10、15、20（╳）：加價幅度應該越來愈貼近，最好是越加越少。

④ 20、15、10、5（★賣方不降價，我就不加價）：對方降一點，我就多加一點，對方降一點，我就多加一點，給雙方緩衝空間。

第二、談判三大技巧：

① 幅度（不可太大，不能一次到位）

② 次數（不可太多）

③ 速度（不可太快）

第三、談判議價策略：

其實很多的商業協商，都是談出來的，只是要有彼此考慮跟緩衝的空間，所以我們可以採取以下的方式：

① 扮黑臉（價格硬者）、白臉（緩和者），若單獨一人去，就說無法決定價格，要找電話那頭的人（ex：父母、老公、老婆），畢竟如果對方態度過於強硬，我們也不想

得罪人，若能有兩個人搭檔，也給價格有緩衝空間。

② **嫌貨才是買貨人**，我們要理性，不衝動購買，我們需要了解未來脫手的時候，物件的優缺條件：

我們應該要在買房子時，找出房子的 10 項缺點，例如樓層太高、壁癌、漏水、路衝……，未來要賣房子時，找出房子的 10 項優點，例如：裝潢漂亮、衛浴全新、交通方便……。如果兩者都清楚，你也可以理解買賣雙方協商時的訴求。

③ **保留籌碼**。不可讓仲介知道心中底價，讓仲介提出成交數字，就算沒有拿到，也不予透露，如果最終有達到，也讓仲介有優越的成交感受，而不會過度勉強，畢竟買賣不成仁義在，不要過於死硬派。

④ **找自己精神、體力好的時段去談**。有些仲介喜歡挑晚上的時間見面談，是因為在你擔心隔天精神不佳或是想要離場，會不知不覺匆忙決定，這樣的決定，未來反悔的機率都比較高。

⑤ **底線要守住，不可隨仲介起舞**。我們提過，成交價格決定取得成本，不是不想買，是沒有機會賺錢，所以放棄。

⑥ 想要理解價格有沒有機會成交。可以觀察現場，比如現場看到代書出現，機會比較大，可能價格已相近。如果是連鎖加盟房仲店，像是永慶之類大品牌，本來就有代書駐點，這點就比較不具參考價值。

🛍 理解銷售人員的希望

很多仲介人員，會透露出一些銷售上的希望值，來拉高買方的出價。我將曾經聽過以下的幾種訴求，歸納出來，供大家未來購屋作參考。

① **屋主不缺錢。**其實會賣房，大多數一定缺錢，勇敢出價吧！

② **使用坪數超大。**雖然我們都希望買到大房子，但是還是要以謄本為主，譬如號稱 50 坪，權狀 25 坪頂樓 25 坪，增建部分不得列入。

③ **這間房子可以貸款八成以上。**還是要以銀行實際的估價為主，可貸款幾成並不見得如房仲聲稱那樣。

④ **有人口頭出價了。**製造競爭者，創造危機感。

⑤ **釋放利多，未來在附近會蓋大型商辦或捷運……**

⑥ 這裡未來會都更。

⑦ 租金高、投報高、滿租。

⑧ **學校旁超好租**。未來少子化，學校旁慢慢不再優勢。

以上的分享，我覺得都要透過現場的演練跟嘗試，不論是自己是買方，還是未來是賣方，畢竟，投入一項事業，都必須有一些基本觀念的訓練跟技巧性的操作，才能知己知彼百戰不殆。除了利用情境操作瞭解之外，我們接下來也希望能順利進入簽約狀況。

此時，更要小心交屋的流程，其中最為重要的費用，絕對不能省——**履約保證費用**。

為什麼要多花這筆費用？我來說說學生的狀況。過去我有一個在教育部的學生，第一次購屋沒有經驗，跑來詢問我一些狀況，讓他少賠了很多錢。當年他失心瘋想投資，想要在桃園買分租套房投資，房子約 380 萬，他砍到 310 萬覺得很划算，不料房仲說，要準備比較多的自備款，對方一直強調投報率有 8%。因為他太想要買，就先付了自備款 100 萬，當時他很緊張，猶豫該不該買，萬一房子鑑價出來卻不值這個錢怎麼辦？錢會不會被沒收？

我跟他講，不要省履約保證的錢，一旦有履約保證，假設發現銀行鑑價不如仲介說的好，可以退款。

後來果真沒成交，他非常感謝我，幫他省了很多錢，還好有簽履約保證，萬一房子鑑價不過，還有退回自備款的緩衝空間。

根據坊間各大不動產仲介的頻頻宣導，我們也理解了，委託房仲要注意下列事項：

A. 詳閱委託銷售定型化契約

不動產仲介經紀業，等於是企業經營者，所以雙方簽定委託銷售契約前，賣方可以享有一定期間的契約審閱期。

B. 了解契約狀況：專任或一般委託銷售、委託銷售期間

專任委託銷售書，是委託銷售契約書會載明委託銷售期間，且在期間內，若約定不得自行出售，或另外委託其他仲介公司銷售；若約定可自行銷售或委託其他仲介公司銷售者，則為一般委託銷售契約。當然，委託銷售期間屆滿之後的 2~3 個月內，若與仲介公司（商號）曾經仲介之客戶成交，則仲介公司有權追回服務報酬。

C. 房屋委託銷售合作注意事項

在您決定將房屋委託仲介經紀業銷售後，仲介經紀業將與您簽訂「委託銷售契約書」。「委託銷售契約書」主要內容需要明確，包含土地標示、土地面積、建物標示、建物面積、所有權人、權利範圍、委託期間、委託總價款、付款方式、授權事項、屋況等項目，經賣方簽章確認，加上該店合法不動產經紀人簽章，始完成簽訂委託契約書程序，在委託契約簽訂後，才可以進行房屋物件銷售。

D. 確認不動產說明書內容

根據「不動產經紀業管理條例」規定，經紀人員在執行業務過程中，應以「不動產說明書」向買方解說；而在解說前，該說明書應經賣方簽章。

所以賣方在「不動產說明書」簽章前，應確認不動產說明書內容，記載是否與事實相符，有很多的細項勾選，千萬不要草率，雙方都要清楚，不清楚就不簽，以免日後負法律責任。

這些是一般契約書，或是官方網站上都可以取得的資料，仲介業已經相當的透明化、公開化。

選定投資模式
創造個人財富正循環

想要財富自由，就要挑選最適合自己的投資模式！從第二章我們看到的投資理財工具中，選定工具後，要隨著工具的不同，訂出財務目標。深入來說，要理解這一筆投資，需要多久會獲利了結；或者一開始就是設定未來 20 年要長期出租；有些人買法拍屋、低價屋則是要低買高賣；或是要有個人的被動收入，因為財務目標的長遠性不同，每一筆不動產的成交，都會有所不同的設定跟操作方法。

如果基金有基金經理人操盤，那麼目前市場欠缺的，就是不動產操作經理人，瞭解房市脈動、診斷房屋狀況，改善代租管行情⋯⋯等。

我經營的房地產財富方程式

我經營過幾個個案，都可以與讀者分享。在前言中，我提到自己小時候的故事、第一間房子的故事，也寫出「鳳山案」的歷程。

我的重要起步在從小長大且熟悉的鳳山區，為什麼重要的起步是在自己熟悉的區域呢？就像前面幾章提到的，我們要熟知區域行情跟狀況，才不會被糊弄。

舉例「高雄案」物件投資心法跟算法，分享給大家。

總成本：

910 萬（購屋）＋ 200 萬（裝修工程）＋ 5 萬（過戶）＝ 1115 萬，貸款 720 萬（還款本利 3.5 萬／月，42 萬／年）

租金：

（店面 2 萬＋套房平均 6 千 ×12）×12 ＝ 110 萬 4 千元

投資報酬率：

現金 110 萬 4 千元 ÷1115 萬 ＝ 9.9%

房貸 2 成本息還（110 萬 4 千元 － 42 萬）÷（190 萬 +200 萬）＝ 17.5%（實際投報率）

有了以上的成功經驗，我開始有了續航力，近 20 年的房地產買賣，讓我發現不動產的投資重點在於：地點、地點、地點。好的地點，抗跌性高是不爭的事實，所以如果好地點有優質物件釋出，就要透過仲介人脈取得。此外，盡量以低於市場的行情取得，因為取得價格越低，獲利空

間越大，未來可以競爭的空間也越大。

最後，透過裝修改造提升房屋賣相。房地產是不論市場漲跌都可以操作的理財工具，當市場往下修的時候，可以透過裝修改造出租，投資報酬率一樣可以比照定存工具，裝潢成本的投入，也會短期快速回收。

而且這些是可透過學習而複製的成功經驗，相較於其他的理財工具，各有不同的規畫方式，是快速進入財富自由的方法之一，交互運用得當，可以更快速達成目標，只是不動產的金額較高，需要精密計算跟企業性的規畫，這是需要大家用心布局的。

第四章

讓房子價值增大的
室內設計

買到房子的下一步

「買了房子，才是麻煩的開始！」為什麼呢？

想當包租公、包租婆是很多人的夢想，可是當我們花了大筆時間跟精神投入，取得了地點很棒的物件，又要怎麼樣增加房子的價值感呢？如果將一間原本只能出租給一戶租客的房子，改變成可以租給四戶租客，拉高投資報酬率的房子呢？這些流程就讓我們一一跟大家分享。

買到了房子，交了屋之後，很多人想要重新裝潢整修，有以下的流程。

一般自住型室內設計裝潢流程：

請設計師規畫→工班進場→討論設計風格→泥作進場→水電進場→木工進場，完成設計風格。

建立客層出租需求，建立出租目標族群（Target）區別性設計裝潢流程：

第一、區域行情分析／風格分析／租客年齡、工作、性別分析

第二、確認未來租金規畫投資報酬率

第三、請設計師規畫

第四、工班進場

第五、討論設計風格

第六、泥作進場

第七、水電進場

第八、木工進場，完成設計風格

第九、驗收

在左營區，我曾經改裝過一棟4層樓透天厝，就是針對未來租客的狀況，讓出一樓的空間，設計了8個機車格，1樓隔出一間出租，2、3、4樓分別隔出2間，每一間都有小陽台，加起來有7間，租金原本全棟租1萬／月，透過規畫後，租金高達5萬2／月，投報率8%（如圖4-1）。

從二樓的格局平面圖，我們可以看到這是一間長方形格

局的房子，單純一間出租時，大部分租客都會說：「好長啊！」帶看的時候常被嫌棄，嫌棄什麼呢？因為雖然坪數也大，空間也不小，不過因為過長的空間，會有採光不太足夠的狀況，若規畫成小家庭住，中間也有可能空氣不夠流通。那麼我們應該要怎麼改善這樣的狀況呢？

經過跟原屋主討論後，我們達成共識，決定重新規畫出前後兩個方正格局，也就是兩個正方形區！設置對外窗跟陽台。大家發現了嗎？除了格局變得好規畫，長方型切成了兩半，通風好，採光佳，還有獨立衛浴跟陽台，整個視野都不一樣了！租客進來之後，都捨不得搬走！

之前有很多屋主看了日本的《全能改造王》節目，跑來跟我說：「琇華，你們真的很像台灣的全能改造王耶！我不敢相信我的房子可以改成這樣！謝謝你們。」在一次又一次的租客回饋、屋主回饋後，也讓我們的團隊越來越有信心，對於各種不同的房屋格局，都可以得心應手，美學經驗的堆疊跟市場敏感度也越來越提昇。（如圖 4-2）

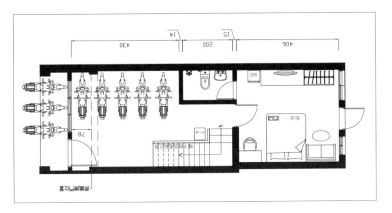

圖 4-1 左營區一樓平面圖

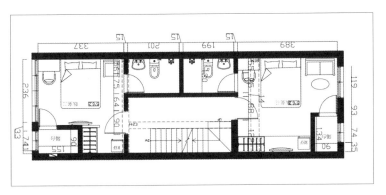

圖 4-2 左營區 2 樓平面圖

🛍 體貼，才是感動的開始

很多人問我：「琇華，為什麼你可以看到別人沒看到的細節？」我想就是一種「體貼」跟「圓滿」的心吧！

就像我自己當初買了高雄的二樓老舊公寓，樓下有舊舊的長廊跟白色的燈光，一開始走進去的時候，讓人感覺有點昏暗跟零亂，這樣的視覺效果是不太舒服的，但是當我買下來之後，不僅到二樓前的步道換了新氣象，也將浴室、陽台都加強防水漆，連同樓梯扶手跟邊條，都換了新的，鄰居都覺得很不可思議，房子怎麼變得這麼美！相當感動。

而原屋主留下了很多舊的木櫃，我們請工班師傅進去後，就在上邊畫了很多的紅叉叉，經過了一番破壞，最後就是一步一步重建的過程，從以下的幾張圖片中，可以清楚看到，拆解到半成品、最後的逐步重建，都是我們團隊的用心跟貼心。

英國諺語說：「魔鬼藏在細節裡。」我相當願意多支付這樣的小心思跟小細節，來關照租客居住時的感受度，而且也順便做了居住環境安全的功課，窗戶的舊玻璃，雖然還可以用，但是因為對面也有住戶，我們就擔心有人破窗

而入，因此也重新拆掉裝上防盜窗，雖然增加成本，但是租客的安全，也是一個重大的考量，不僅僅出入舒適度提高，安全性也大大增加。

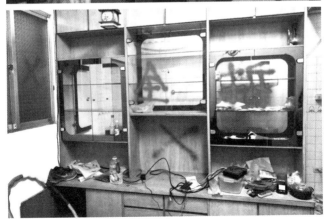

上：二樓老舊公寓剛購入時的屋況照片
下：二樓老舊公寓經過規畫，逐步拆除重建的屋況照片

我們當初取得的舊屋屋況，經過工班師傅的一番整頓，燈具的挑選以及內裝牆面的變化性，整體的感覺就完全不同了。誰能想到，原本完全乏人問津的物件，經過內部規畫重新裝潢，還沒完全完工之前，就已經馬上先被預訂走了，這也是讓我相當有成就感的作品之一。

　　內部裝潢因為燈具的不同，讓整個空間變得又寬敞又有溫度。餐桌、廚房與客廳合一的流動空間，讓租客可以有更多的運用，比如邊宴請客人邊聊天，是很流行的一種生活方式；壁紙的挑選與廚具互相搭配，具有簡約鄉村風，吸引很多文青租客詢問。

老舊公寓經由內部重新裝潢，煥然一新。

客廳有著相當重要的交流功能，下班後大家常就一起圍坐著看電視，所以，採用了皮面的沙發，清潔也相當容易，沙發跳色展現幾何圖形的色塊，地板的選用，也相當一致性，原本老舊公寓的磨石子地板，容易顯得有歲月痕跡跟陳舊感，所以，用木地板重鋪也是不能省略的工夫之一。

誠信，是公司最好的行銷

在服務客戶的過程中，我遇過一個印象深刻的個案。明誠路的案子，屋主曾經遇過不好的租客，所以在租屋人選及溝通中產生了困擾，將這間屋子閒置了多年，寧可放著也不願意出租。

後來，經過朋友介紹，我們認識屋主，幾次聊天跟訪談之後，漸漸了解了屋主的困擾，過程中，我與屋主分享自己房地產的經驗，偶然間他敞開心胸，跟我聊起過去的疑慮，以及一個不好的房客會對一間房子有多大的傷害，畢竟，不動產是一項貴重的資產，如果被破壞了，也會損壞在銀行的價值，影響鑑價。

當然，我很感謝屋主聆聽進去我的經驗，以及我們公司在租屋上如何管理、如何挑選房客，這些都是真實案例；沒有想到屋主一聽完了，就立刻將他的房子交給我們，

他說：「琇華，我相信你們的公司，也可以幫幫我嗎？相信你們可以把我的房子處理得很好！」當然在時間允許下，我很願意接這個案件，畢竟，我感受到的是一份真誠的信任！

承接到這個案件後，我琢磨了一下屋主的想法，也將想法融入到他的房子，經由我們專業評估、規畫、為屋子量身訂作該房子該如何裝潢、出租一條龍整合系統。

在大馬路邊的長型建地，目前為什麼可以有鑑價 4,000 萬的價值呢？除了區域性的長期發展外，空間規畫跟用途也相當重要。

明誠路空屋格局相當完整，簡單輕裝潢，利用壁紙、家具、以及燈光，就讓這間房子，很快找到了租客，而且租約長達三年。

高雄店面裝潢投資報酬率亮眼。

　　跟一般建商造鎮一樣，我們樓下一定要有店面，有店面的地方，當銀行鑑價時，房價就會拉高，所以，在這狹長型的土地上，總共分割出6間的店面，加上廣告看板出租，幾乎沒有浪費任何可使用空間，每天一張開眼，物件就在幫我們賺錢，讓錢自己流進來。

　　學習要按部就班，成功來自於分享。很多人因為看到了這個案子的成功經驗，跑來詢問我關於出租報酬率的算法，以及租金稅金的問題，我都可以詳細的解答，只是在這章節，先跟大家淺談空間運用賺錢的方式。

每個人一生想要買到一隻會下蛋的金雞母，或是有一個打不破的鐵飯碗，就現在民生條件跟政局丕變的狀況，鐵飯碗也有可能會打破，那麼不妨買一隻會下蛋的金雞母吧！房地產有趣的地方，就在於不論什麼樣的空間，只要有土地、有人租，只要利用室內設計，做出空間的改造，便能創造更多不一樣的新空間，而被動收入就會源源不絕的流進口袋裡。

　　此外，我們也要提醒讀者，裝潢付款需要注意幾個重點：

　　第一、與工班確認施工時間跟完工交屋期：台灣目前的工人多以天數計價，如果施工天數增加，也會增加裝潢成本。

　　第二、施工的報價需要透明化：管線耗材、廢棄物運送費用、燈具、木工……等等。

　　第三、做到哪付到哪：很多工班因為熟悉度不夠，照他們的方式做完，可能有要修改的部分，如果提早付清尾款，後續可能有求助無門的狀況，最佳的狀況就是做到哪個部分，先只付那部分的款項。

　　第四、裝潢後的保固：因為真正居住進去後，可能會有一些細節需要調整，可以詢問裝潢工班有無保固時間，未來可以補強。

先有了概念，加上幾個小提醒，我們就可以慢慢進入了解設計風格的區塊了，金雞母的藍圖將越來越清晰。

有效的室內空間設計

🛍 屋主想要保留原本的家具，要怎麼辦？

幾年來，我經手過將近上百件案件，其中有一件「念舊屋」的經驗，讓我印象十分深刻。這是一個相當惜物的屋主，當時因為友人介紹，希望我們可以協助他們改造三樓的梯形格局。一開始我們就有點頭痛，畢竟，格局方正跟完整性，一定會影響到採光跟通風，所以，除了要滿足屋主需求，也要考慮到未來的居住狀況，於是將一些稜稜角角的部分，作為「儲物空間」，還有考量到衛浴空間，讓每間房間看起來都相當方正，將空間達到有效運用，千萬不能浪費。

但是才把房子設計規畫好，屋主就給了我們新任務，對於居住有了新的期待值，原來，屋主是一個相當念舊的人，他除了希望能夠保留原本的舊家具以及某部分角落外，房子也不能隨便裝潢。我們很了解屋主的感受，所以，除了新風格，也混搭了屋主原本的舊家具，打造了另一種結合

時尚跟復古感覺的輕文創風，以滿足屋主居住的需求，事成之後屋主相當滿意，覺得我們非常的有品味！

　　大量的壁紙運用，也是重新打造空間很重要的關鍵，有時候，創造與眾不同的吸睛點，就是要幫牆面穿上適合的衣服，跟人一樣，每個時代流行的風格不一樣，以前喜歡日系，現代人喜歡韓流，大膽設計就要懂得選用壁紙，風格的選擇也隨著潮流而改變，還記得以前媽媽們喜歡的巴洛克雕花嗎？古裝劇流行的時候，中國風也相當受人歡迎，現在，各種風格都可以大膽嘗試。

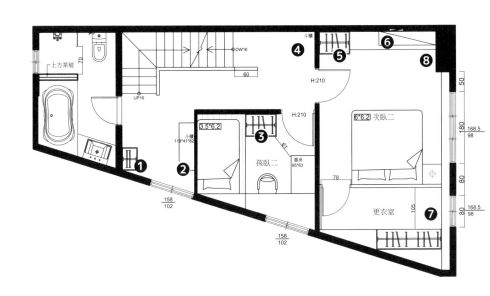

上方茶玻

70

DW16

60

斗櫃

④

⑤

⑥

⑧

UP16

H:210

50

180

168.5
98

3.5*6.2

斗櫃
119*41*82

③

H:210

6*6.2 次臥二

①

②

孩臥二

書桌
95*63

61

78

80

158
102

更衣室

105

⑦

80

168.5
98

158
102

❶

三樓浴室外空間

寬77、高74、深45

45 cm

77 cm

74 cm

❷

三樓前房間

128 cm

82 cm

46 cm

❸

三樓小孩房

196 cm

79 cm

63 cm

❹

寬122、高123、深46

放置三樓門外空間

122 cm

123 cm

46 cm

❺

81 cm　　47 cm

有兩組

兩門的放置四樓，一間各一組

單門一組放置三樓前房間

單門一組放置四樓浴室外當收納

❻

45 cm

163 cm

三樓前房間

❼

76 cm

三樓前房間

❽

240 cm

211 cm

67 cm

三樓前房間

寬240、高211、深67

🔲 工班與設計無法規畫時效？

過去有很多屋主，都會認為自己找設計師，或是自己找水電工班，就可以做出適合出租的屋子，這一點我很支持，但是事實上，真的要裝潢好，又符合市場租客需求，真的真的有難度！畢竟現代人每個人的品味都不同，有些租客為了讓自己的居住品質更好，甚至在租了房子之後，還願意自己花錢整修，目的無非是想住得舒服、住得長久，在這樣的訴求下，我們團隊一直在進步，一直不斷的深入市場分析，才能在每次規畫中，達到租屋「滿租」的效果。

比如過去屋主常常遇到與工班溝通時「鴨子聽雷」的狀況，以致工班的施工，無法達到屋主想要的設計感，如果中途喊停，又會浪費掉之前的費用，於是就硬著頭皮做完，最後下場就是租不出去，或是不好出租。

很多屋主來諮詢的時候，跟我分享：「與沒有配合過的工班工作，雖然事前已經提供了設計圖，以及建材的規畫，但是誰知道開始做，才發現規格與當初設想有出入，工班卻沒有再溝通，全做好才發現錯誤，預算在拆拆裝裝中，又往上不斷提昇。如果能和熟悉的工班合作，就會減少成品出錯的機率，預算控制也比較穩定！」

大家都以為裝潢不難，但是有裝潢經驗的人，大致會了解，與工班配合要有熟悉度跟了解程度，一旦預算確定，開始報價了，很多細節的溝通、耗材的費用、完成品的質感，就是一大考驗。不僅考驗著工班的耐心，也考驗著市場變化的速度，有時候，市場上租客喜歡的風格瞬變，總是計畫趕不上變化。

大家都以為裝潢就是水電跟風格設計，其實「出租屋裝潢」跟一般的裝潢是不一樣的！如同我們一開始所提及，我們是「針對租客市場」精心打造的裝潢風格，以「快速出租」以及「滿租報酬率」為目標，一開始設定不同，結果也就會有很大的差異。

🛍 建築景觀設計

在中南部有很多屋主，近幾年來流行自建自售，買一塊自己的地，就可以在上面規畫民宿，或是出租套房，整棟的建築景觀規畫，甚至樓上有空中花園、梯間裡面可以有電梯，透過造景，來計算整棟的投報率，甚至加分！

雖然我沒有農地可蓋屋，不過很幸運，在當年價格較為便宜的時候，我購入了一棟五層樓的老舊透天厝，經過

我在建築設計上的改變，內部增加了一台電梯，陽台露台間重新整建，變成了 20 多間的套房出租，整棟就是一間相當不錯的頂級出租透天厝，天井、電梯、加寬套房的走道空間，讓每一個進來的租客，都驚呼：「原來一樣的租金，我可以住這樣高級的房子。」

我們想要幫屋主規畫的房子，從石材、木材、盆器、燈光、琉璃牆面、到建築物本身，其實都是建築空間美學的一部分，也都已經和景觀設計密不可分；曾經有人說過，一棟沒有造景的豪宅，只是一般的建築物，無法顯現出其價值；比如多了植物的建築物，不僅能襯托出建築物的美，更能讓生硬的建築物增添許多柔軟度，雖然只是一棟宿舍，但是如果加入了天井的投射跟美學的淬煉，也可以在都市中增添幾許優閒的氣氛，不用到野外也能享受到優閒的心情。

物件交由管理公司代管代租後，甚至租客平常也不用自己打掃公共區域，會有專門人員清掃，連每個月的水電、瓦斯，都有人抄水表，這才是很多人夢想中的生活；而對我來說，我也達成了我的夢想，就是替自己打造一隻會下蛋的金雞母，從小開始養，所以一直在下蛋。

🛍 水電管線以及衛浴系統的規畫

我們不一定遇到的都是新成屋、毛胚屋，更有許多是中古屋，其中如果屋齡超過 30 年以上的老屋，常會有壁癌、水電管線過舊、衛浴需要重新規畫的狀況要處理，而且這些隱形成本往往很高。

比如我們就曾經遇過，師傅告知我們老屋拉皮會有很多問題出現，通常在施工至第一步驟，外牆打石至結構體時，一發現問題便要一一解決。

首先，最容易出現**結構裂縫及蜂巢問題**，結構裂縫及蜂巢是外牆打石至結構體後，最常出現的問題，處理方式必須用灌注器將外牆 RC 結構填補完整。此外，常常將外牆打石至結構體後，很多潛在問題都會出現，如有**結構鋼筋鏽蝕外露的問題**，處理方法是先將鋼筋做除鏽處理，再批土、補樹脂砂漿至結構面。最後是**處理施工模板未清除問題**。將外牆原老舊磁磚敲除，並打石至結構體，這時建築物牆面看得很清楚，有些個案，就會出現先前施工模板未清除的問題，因此必須先將牆面雜物清除整理後，再進行外牆維修。

處理水電問題也可能產生相當驚人的成本。過去我有

一個客戶，買了一間屋齡超過 30 年的房子，光是要把電表重新申請規畫，就超過了原本的預算，畢竟電路太過老舊，如果沒有鋪設新的管線，就會產生公共安全性的問題；還有水管老舊，內有水垢鏽蝕，如果不更新，流出來的水都是黃的，有辦法飲用嗎？這些都是買屋時，需要考量的狀況。

以上的問題我們都遇過，也非常有經驗了。至於衛浴系統，我們也建議選用較為頂級的單體衛浴，甚至是乾濕分離的規畫，牆壁重貼馬賽克壁磚等等，目的就是要讓住的人住得舒適。這些都是看不到的成本，也是租屋裝潢中的細節成本。

拿多少預算做多少事，老屋的預算就更緊。我們曾經處理過一間房子，屋主說總預算只有 40 萬，但這些錢光是做完基礎工程，就不太夠用了，可是老屋若要全面翻新，基礎工程絕對是第一要務。

一般談到「基礎工程」，通常包含局部（如：浴室）或全部拆除工程、廢棄物的拋棄、泥作工程、水電工程、空調工程。以 30 坪沒有嚴重問題老屋子（中古屋）、也就是沒有重大壁癌、漏水或結構問題的話，以上這些工程只能

做到最基本，水電工程可能也只能換大電，僅僅這些基礎工程，40萬就差不多了，然而沒有木作裝潢或收納櫃，房子看起來會跟剛交屋的新成屋一般空盪盪。

當然，房子好了也不能什麼都沒有，只要再添購現成家具即可入住，而這可能須另外花約10萬左右的費用（這些都不含在40萬預算內）購買現成家具，包括沙發、餐桌椅、收納櫃、床、書桌椅，還不含網路以及第四台的線路費用。因此一般物件重整的預算多數都需抓到50～60萬以上較佳。如果是整棟改建，預算甚至會抓到數百萬以上。

這些裝潢不見得看得到，有時侯房子看起來沒有什麼改變，可是拆裝加上水電線材，就耗掉了一半的費用，但為了居住的安全性，這些都是必要的成本。

🔔 系統家具規畫

對於空屋跟新房子來說，如果完全沒有舊家具，屋主也願意沒有預算限制，我們會建議採用系統家具。讓舒適的居住空間理念都融合為一體，隱藏在很多看不到的地方。系統家具有優點也有缺點，有些人裝潢完會說：「這樣要上百萬，怎麼都沒有感覺？」因為系統家具的材質跟用料

有很大的價差，規畫出來的動線跟風格較為一致，不夠了解木工材質跟做工的的屋主，可能不太容易區分價格上的差異。

系統家具的優點，是收納空間大、房子好整理，一致性高，不太需要一天到晚換風格。當然對於很多出租給小家庭的屋主來說，這樣可以拉高家具壽命，省下幾年就要換一次裝潢的麻煩事。

目前市面上比較知名的系統家具櫃歐德、綠的家具，甚至也有賣場（如：特力屋）經營，都可以在網路上提供報價以及諮詢，但是價位偏高；如果透過工班與工廠直營規畫，可以省下將近三成的裝潢費用，這也是一條龍作業的優勢之一。我們曾配合過的系統廠商曾經在媒體受訪中指出：「傳統木作工錢貴……一個老師傅一日工錢就要2000～3000元，還不含材料費用，加上施工期較長，通常須花費0.5～1個月時間裝潢，施工時也會製造粉塵，因此，讓不少民眾改選擇系統家具，不僅施工期大約1～3天，且價格比木作實惠許多。」

此外，依照我們以前的工班配合經驗，師傅的技巧，加上安裝程序的差異，會影響系統家具的安裝品質和使用年

限。很多人以為系統家具裝一裝就好，但是其實系統家具的五金安裝很重要，因為安裝得不好，會影響到整體結構，也會縮短使用年限；過去的個案中，有一間沒有把五金鎖牢牢鎖好，以致梳妝台常常蓋不起來，上面就沒有辦法正常開關放東西，屋主的收納空間變少；經過我們請專業的師傅重新組裝後，就恢復正常。因此，找對設計師或系統家具商，找對安裝的師傅，才能讓系統家具充分發揮效用，延展使用年限。

🛍 燈光是房子的靈魂

多數人裝潢房子，都會想要省天花板跟燈具的費用，當然這不是不可行，不過根據我多年的經驗分享，這個部分千萬要精挑細選，不能輕忽；因為燈光是房子的靈魂，住起來感受好不好、未來網站上的照片拍起來美不美，有時候就是靠燈光美化的，想要房子好出租，這筆錢就要花在刀口上。

當然以出租為考量，多數人都會建議運用省電的 LED 燈，加上大幅的白色牆面以及家具，製造一種放大、明亮的空間感：也可以利用崁燈、或是垂吊式的燈具，在餐桌上方營造餐廳的氛圍，讓居住空間的溫暖度大大提升；其

實想要省電費，也可以交叉運用桌燈或是立燈，甚至如果跟工班師傅夠熟，可以請他們在裝潢時，把電燈的開關改為跳燈，就是在一開始的時候，先設定有幾盞是白燈，有幾盞是黃燈，可以同時兼具兩種以上的燈光效果，既省電又兼顧氣氛，很不錯！

不少設計師都認為，大量的燈光運用，是營造氛圍的主要焦點。燈具可以在一開始就選定，但假設你是要創造一個華麗感、閃閃動人的宮廷璀璨效果，建議採用多盞投射燈，以及仿水晶燈，製造明暗度、神祕感；如果是一個現代感的物件，不妨利用一般的日光燈管，加上現代化金屬感的家具單品，也可以花少少的錢，就讓房子大變身。

燈的挑選也是跟工班溝通過程中，重要的一個環節，因為裝潢到可以住很簡單，但是要同時滿足租客需求、屋主成本考量，則是主客觀的衡量，很多因素因為人而不斷變動，難度就越來越高了，所以很多工班，如果沒有跟固定的設計師配合，也不太喜歡接散案，就是擔心未來修改幅度過大，或是溝通不良，收不到尾款。這類空間規畫真的需要經驗的累積，而室內裝潢變動因素越少，越容易落實想法。

👜 家飾規畫 ── 以森美術為例

　　身為室內設計者，我們要設想小細節：構思整體裝潢，將中心思想連結到一些小的配件，做到全方位風格設計。也就是說，不可以粉刷、水電、家具、擺設分開構思，讓整體性更為完美，提升整體風格跟質感，每個環節都要緊緊相扣。

　　針對上班族女性主管的個案，我們打造微奢華的時尚風，走低調奢華的水晶燈、皮質沙發與垂墜式的窗簾，帶著一種古典浪漫透著現代感的女性時尚風格，好像珠寶盒一樣的家居風格，襯出女性主管的典雅與時尚美學。

我們針對上班族女性主管的個案，打造微奢華的時尚風。

也針對這樣的生活方式，打造了廚房與客廳的小吧台，讓主人可以跟朋友們在吧檯桌上飲杯紅酒，品嚐精緻美食跟糕點，生活品味展露無遺；眼尖的人就會發現，在這個個案中，我們大膽使用了兩盞以上的燈具，讓空間有了區隔性，在餐桌上的燈，與客廳的燈，不自覺就劃分出兩個使用空間，如果是小家庭，男主人可以在客廳宴請客人，而女主人跟好朋友則可以在吧檯聊天餐敘，增加親密感，是一個適合招待朋友的好地方！

這樣一來，廚房可能會經常使用，因此廚具以及流理台的選用，就會列入重要的家電預算中，我們也會挑選比較好的流理台，首重好清洗、好擺放、動線佳，讓女主人更樂於使用。不過現代人租屋，不開伙的也多，有些人就會要求將廚房空間節省下來，作為交誼廳使用，避免油煙影響裝潢。

在畫作的挑選上也相當重要，每一個租客的個性愛好，都可以從畫作上大致了解一二，譬如針對女性主管，優雅的白領，會傾向於人生中的輕美學，沒有華麗俗豔的現代畫風，也沒有過度沉重的墨色，就是一種輕描淡寫的寫意，一抹看盡人生，品味自己的快活。

此外，現場出租裝潢，會有時間以及場地的限制，也建議要事前做好完善的規畫，以及場地人員的溝通，千萬不要找不熟的工班執行，有時候工班會因為接了很多個案子，沒有辦法同時兼顧，會拖到出租的時間。此外，自己也要天天去監工，以免擔心裝潢時間來不及，不僅僅緊張萬分，還有可能多花上一筆冤枉錢。

運用壁紙，可以創造出與眾不同的吸睛點。

🛍 風格家具配置

　　什麼是風格家具？有些空間如果沒有壁紙、也沒有燈具，可以從工業風的桌子、巴洛克風格的沙發、橡木白的

鄉村風椅子等，歸納出基本的房子品味，我們稱之為風格家具，也就是靠家具塑造出不同的家居風格。

很多屋主本身屋子的空間規畫格局就很方正，通風也相當良好，只是是老屋，很久沒有居住，根本不知道該怎麼處理，又該如何建議呢？我們處理過一間河堤的老房子。

屋主跟我們分享：「當初我在河堤的房子，是一棟很久都沒住的房子，在與公司接觸前，我並不清楚，我的房子該如何規畫與安排，所以這個空間，閒置了許久，真的不知道該怎麼辦才好，簡直養蚊子。」

我們剛接手的時候，真的覺得這房子被閒置，太浪費了！所以就開始進行專業的規畫與安排，既然房子本身沒有其他稜稜角角，只是多年荒廢，我們就開始先訂出「風格」，然後逐步施行跟聯絡工班。我記得很清楚，這個案子，我們短短一個多月就完工了，讓屋主馬上就賺到第一個月的房租，也帶進固定每個月數萬元的被動收入。

這案子比較有意思的是，要談到風格家具的配置，也跟壁紙相關。在裝潢案子中，我們常常大量使用壁紙改善原屋況跟風格；大部分會運用在 TV 壁、沙發牆、主牆，這三個空間區塊。

而壁紙的價差很大，網路上窗簾壁紙設計網站，價錢比同行便宜到 30% 以上，而且挑選時，有些特殊的花色，需要專人到場拿樣本幫你估價，而這項服務還是免費的，保證從施工監工到完工，都可以完美搭配出我們需要的風格。當然所有裝修費用要控制在預算以內，人家說貨比三家不吃虧，所以我們不會只跟一家工班或是壁紙公司搭配。

　　最後，窗簾配得好不好也是影響居家風格的關鍵之一。我們的全程都請師傅親自到場處理，有問題可以馬上解決；窗簾的樣本很多，所以風格的選擇性就更多變化了！而這間河堤老房子還有一個特點，就是天花板的選用，運用了原木木條，讓天花板在冷調的居住空間中帶出溫暖的休閒風，但是其實這種原木天花板的費用並不會比較高，這也是我們專門的省錢方式，節省大片木材的裝潢費用，達到一樣的效果。

　　這樣的改造後，不論是抬頭仰望天花板，或是發呆，甚至是招待朋友來家裡，都很棒，很適合商務人士短期租屋，曾有過不少企業會跟我們承租，當作出差的宿舍。

　　另一個是鳳山五甲的老公寓，屋主是過去的老客戶，因為有一間老屋整修變身大成功，這一次又把屋子，交給我

裝潢前／裝潢後，我們可以看到，原本老舊的紅磚水泥，經過巧手一打造，全白色的內部裝潢，搭配上相當時尚的木質家具，有一種愛琴海小木屋的浪漫，更讓人回家就有度假的心情。

們團隊進行專業管理，其實他也有想過要自己管理，畢竟，第一次施工的時候，他從中學習到很多「眉眉角角」，但是他後來跟我分享：

「琇華，我想要再次跟你們合作，原因有兩個：第一、方程式能將我的房子進行最有效益的安排，不浪費一點空間；第二、在於後續的租屋管理上，方程式也非常的專業與親切，價格公開透明，讓租客的後續反應都十分的良好。後來，真的沒讓我失望，把原本是舊公寓的老宅，改造成十分漂亮的套房，而租金也因為這樣的改造，成長了許多。」

改裝後的舊公寓，為了讓空間看起來大，可以運用整面牆來增加視野的寬廣度，還可以採用貼壁式的液晶螢幕，

雖然空間不大，但有效的空間運用，還是可以有小方桌、造型沙發、冰箱等，一應俱全小而美。

前文我們也提過不同燈具的運用方式，如果空間有限，我們就會建議屋主擺設桌上型的溫暖小燈，以黃光的暖度為家具跟寢具增添舒適感，而窗簾的挑選則以穩定、耐髒為主要訴求，這些都是讓視覺空間發揮最大化的選擇，在使用上也相當耐用，不擔心租客入住後，要常常更換，增加額外的耗材開銷。

至於家具，一張小桌子是必要的，讓租客可以有小小的客廳，有些套房一進來就只有一張床、一張電腦桌、一個衣櫃，沒有空間區隔，缺乏設計感跟潮流感。當然也有很多民宿也跟進我們這種裝潢風格，因為日租型套房也是一卡皮箱就可以入住。

在此章節提到的案子中，這些房子規畫的風格，並不是每個區域、每間房子都一樣，比如說：台北的租客喜歡類似簡約的風格，中部的租客對輕奢華風的反應很不錯，而南部的租客，還要看是學區附近，還是高雄愛河附近，不同區域在設定裝潢風格跟預算的時候，會有所不同。

有一回客戶問我：「為什麼我朋友的房子費用比較少，而我的估出來比較高？」我跟對方解釋：「因為他那一區都是學生呀！每一間價格也不同。」透過溝通，我們越來越貼近市場需求。針對當地租屋市場的客戶層，以及租金投資報酬率，去評估出租屋的風格跟成本，怎麼樣用最少的效益，將產值最大化，就是我們團隊共同規畫的方向。

第五章

資產再活化
18％自己來

台灣目前多數人困境

🛍 退休困境

　　大家有想過，退休金要準備多少，才能安穩退休嗎？根據調查，國人最擔心的問題，退休金不夠、長輩長照，兩者為第一、第二名，其實第一名跟第二名是息息相關的，因為退休金不足，無法應付人口高齡化的需求，不論是醫療、長期的照顧費用，都會隨著年紀增長而吃了老本，所以在 65 歲退休時，我們還有足夠的錢度過多久的日子呢？

　　過去，很多人覺得上千萬就夠了，可是當時並沒有遇上通膨怪獸，現在除了現金變小了，醫療成本跟生活負擔也變高了，能夠撐多久？沒有經濟學家可以給一個明確的數字。再加上愈來愈多即將或已退休的人，面對的不只是自己退休養老的問題，還要面對父母長照的龐大經濟負擔。

　　保誠人壽 2015 年委託易普索市場調查公司進行「保險產品購買行為與需求」調查，結果顯示，國人前 20 大憂慮中，高達 83% 受訪民眾，擔憂自己在退休前無法存到足夠財富，也擔心財富增值太慢。

若以總體來看，高達 75% 以上的受訪者，表示對財務問題最感擔憂，其次才輪到健康問題。前 3 大煩惱，依序是退休前無法存到足夠財富（83%）、財富增值太慢／不懂如何投資理財（83%）、自己未來可能需要的醫療費／照顧費（75%），另外擔憂照顧父母長輩的比率也有超過 7 成，達 72%。

 幸福退休生活，需要準備多少錢？

以國人平均 65 歲退休，平均年齡 85 歲預估：

【養老支出】每月 3 萬 ×12 月 ×20 年＝ 720 萬元

【醫療費用】每年 10 萬 ×20 年＝ 200 萬元

【旅遊支出】每年 10 萬 ×20 年＝ 200 萬元

【家庭用車】每月 5000×12 月 ×20 年＝ 120 萬元

【應酬聚餐】每月 3000×12 月 ×20 年＝ 72 萬元

【水電房租】每月 5000×12 月 ×20 年＝ 120 萬元

【總　計】1432 萬元

但還未包含以下狀況：**通貨膨脹、意外突降、健康惡化、親友應急**⋯⋯等，你準備好了嗎？

我們簡單根據國人平時的生活支出，來調查退休需要準備的金額，大致從「旅遊支出」、「家庭用車」、「應酬聚餐」、「醫療費用」、「水電房租」以及「養老支出」六大項，也就是說，我們如果要維持跟退休前一樣的生活品質，基本就要準備將近一千五百萬元。

此項數字來源是根據調查統計，假設一個國人工作從 22 歲到 65 歲，來計算平均工作 43 年，要準備 14,300,000 元，將這個數字統計出來後，未來 43 年，大家每年平均約要存下 330,000 元，也就是說，平均每個月都要存下至少 27,500 元。

一個正常的夫妻生活，至少一個月要 80,000 元再加上上述的金額，平均夫妻雙方的薪水，至少加起來要 $107,500 元，且以上是初估，還不包含有任何的意外醫療等等的支出，看看這個數字，在起薪 22K 的年代，您還不趕快做財務規畫？

社會保險的破產跟通貨膨脹

在未來的 20 年內，我們將面臨到各種社會保險破產，包括勞保以及軍公教退撫基金，在未來，都有可能面臨到財庫缺乏的危機，再加上每年的通貨膨脹……我們應該更

早規畫自己的財務知識，什麼是正確的財務知識呢？不是人云亦云，自己也要做好功課。如果我們沒有正確財務規畫，不知不覺溫水煮青蛙，就日漸缺乏危機意識，到日後要退休的時候，沒錢就會是一件很可怕事情。

在退撫卹基金官方網站上的資料，目前我們可以看到，軍職人員的退撫卹基金將會是最早破產的，因為從 100 年起就已經開始虧損，每年都呈現負數字，而教職與公務人員，近年來也開始有虧損狀況，即將面臨與軍職人員相同的問題。

此外，我們可以看到未來的強制性社會保險，預估破產狀況，在勞工保險上，因為失業率以及整體景氣狀況不佳，於民國 107 年開始虧損，破洞越來越大，到民國 116 年就有破產風險，這些數字都離我們這麼近，孔子說：「人無遠慮，必有近憂。」多數人都安於現狀，也不想要改變，可是未來充滿變數，看到狀況，才能籌備、準備，且嚴陣以待。

公務人員重視的公務人員退休撫卹基金，目前堪用，但預計民國 122 年開始虧損，預計民國 162 年會破產，更不用講隨時搖搖欲墜的農民健康保險了；不少人在工作崗位上服務一輩子，就是希望有一筆退休金，退休後能生活無虞，但是看著景氣未見好轉，政府財政日漸吃緊，眼見退休

金離我們愈來愈遠，如果我們不自救又能夠冀望些什麼呢？

每一個人都可以透過學習，妥善規畫自己的財務，利用時間與複利的效果，或許還有改善我們未來的退休生活；從目前的定存率，我們可以發現，物價每年以 3% 速度增加，所以經過 5 年、10 年、20 年後，現在的 100 元，屆時實質購買力只會剩下 68 元，甚至更低，可以買的民生物資相對也減少很多。

以上都是經由政府機關統計出來的數字，如果你現在年齡是 40 歲，很有可能領不到勞保退休金。根據上述的退休金，你不能指望社會保險，如果您不想將來成為日本所謂的「下流老人」，請盡早規畫你的財務，為自己做好保本的資產。

假設定存利率維持在1.06%，物價每年以3%速度增加

經過5年，10年，和20年之後，100元的實質購買力將只會剩下：

92元　　83元　　68元

今年代租管法律上路趨勢

景氣好壞影響資產

有些人存了一輩子的錢，但是有可能是紙上富貴。為什麼這樣說呢？從貨幣使用來說，主要功能在於流通與買賣，成為資產的累積，可是，如果一直放著不動存死錢，就會變成一攤死水，漸漸被通膨怪獸吃掉，那不就是紙上富貴了嗎？

俗話說：「錢水要活，生意才會越來越旺。」資產要流通，才能隨時幫我們累積財富；而景氣的好壞，為什麼會影響資產呢？因為大家的心情也會影響消費習慣，景氣不好讓大家都不買東西，甚至有些人說，我只要省一點不要亂花，錢就夠用了！這樣大家都沒生意，怎麼辦呢？

這樣的觀念沒有對錯，遇到景氣不好的時候，生意不好做，百業蕭條，我們資產配置中的黃金、股票、外匯也都會跟著貶值，景氣好的時候，股票大漲，大家出門消費，百業賺錢，配股配息也高很多，這是一種景氣的正循環。

預期跌價心理影響市場需求和整體經濟。如果多數民眾害怕失業、股市不佳，看不到未來，拚命存錢不敢消費，造成變相通貨緊縮，政府應有明確產業方向與股市振興措施，提振民眾信心。那麼一般人又不做生意，也不從事金融相關產業，要怎麼了解景氣好壞呢？老實講，就是了解財富的循環！

🛍 房價下跌也不用擔心

有錢人知道財富的「流量」跟「存量」一樣重要，但沒錢的人，卻只重視「流量」。

財富的流量，就是所得，也就是當年度你的薪資、股利、銀行利息的加總；財富的存量，則是指在某一個特定時點上，你個人的淨資產有多少。有了淨資產後，就需要配置跟避險，更要懂得鎖住本金。

目前房地產交易量縮價平，近年來交易量只有金融海嘯前的 59%，2013 年房價高點的 66%，很多房仲業因此進入了寒冬期，買賣成交量下降，因此房子更需要透過有效規畫撐過這段時間。這時建議可以交給專業的物業管理，透過代租管讓資產活化重整，化負債為被動收入。

很多人心中會有一個疑問，為什麼房價下跌也不用怕？
其實資產活化，並非靠買賣價差作短期波段操作，而是要
懂得資產的市場，了解波動回穩的狀況選擇長期持有，就
不用擔心房價下跌的問題。

讓錢自己流進來，改裝出租正夯

這種投資方式就是不準備賣掉房子，只收取租金的投
資方式，當房價下跌到一定程度的時候，不會影響租金收
入，比如說：2017 年底，新北市中古屋，房價下降了將近
2 成，此時，多數屋主如果轉換成房屋出租，就不怕房價下
跌。近期發現，左鄰右舍多年失修的老屋，開始敲敲打打、
大規模裝修，就是要度過寒冬期。因為透過改裝，可以增
加租賃人數，目前最保本的投資方式：「分租套房」、「整
間出租」。

在消息面上，行政院審查的《住宅租賃市場發展條
例》，被列為優先法案，力拼立院三讀通過。政府計畫將
租賃住宅服務「法制化」，為吸引房東空屋出租，除了租
金收入可計入所得稅免稅額外，地方預期可配合減徵地價
稅、房屋稅。過去很多人在做的租管模式，例如：「房東
自租」、「業者包租」、「業者代租代管」未來規模都會

擴大，服務的項目更為有系統、有組織。

　　而「幸福代租管」，也在這樣的環境氛圍下，受到不少的客戶喜愛，替原本乾涸的不動產，注入一股活水，資產活化後，成為了賺錢的金雞母，當然這還是有些訣竅可以分享，我們在這個章節中，就要好好讓大家更了解，裝修工程、投資報酬率、租屋管理，網站吸引租客的實務經驗！

　　至於，自 106 年度開始，政府也針對社會住宅、包租代管，進行試辦計畫，相關資訊可以上內政部營建署的官方網站，裡面有「社會住宅包租代管專區」，針對房客以及房東、業者等，都設有專區。包括租屋服務事業範本、資格認定授權書，以及租賃契約，都有詳細的記載，提供一般有興趣的民眾參閱。我推測未來不論官方或是民間，對於代租管都有相當的市場規畫。

　　也提供給房東六大好處，第一可以稅賦減免、第二修繕有補助、第三免費管理、第四保證收租、第五保險補助、第六安心出租，自 106 年 9 月開始，六大直轄市陸續開辦。

幸福代租管的事項

一、招租事宜	① 廣告上傳 ② 人員帶看、過濾 ③ 收取訂金
二、簽約事宜	① 合約說明 ② 押、租金說明 ③ 違約罰則說明
三、管理事宜	① 水電費抄寫、通知 ② 租金催收（含逾期處理） ③ 水電、設備維修事宜
四、退租事宜	① 房間檢查點交 ② 存證信函（不繳租、不搬遷……） ③ 房間清潔

代租管的市場，不是第一次出現，過去就曾有大型建設公司，為提供購屋人全方位服務，甚至特別成立房地產公司，提供民眾「一條龍」服務；所謂一條龍設計，就是垂直整合。

「代租管」指的是一種方式，任何標的物都可以是資產。舉郵局的例子，過去中華郵政曾經積極搞資產活化，只要跟郵局（標的物）有關的，真的幾乎什麼都能出租，包括郵局鐵捲門廣告出租、郵局燈箱廣告出租，甚至全台各地的郵局，只要清點有閒置空間，不管是店面分租、攤位出租，乃至郵局樓上的住宅、辦公室都是出租標的，收益因此拉高很多。

我們也是朝這個方向邁進，以高雄的店面為例，不僅有店面、廣告牆面、加設被動式飲水站、還有前方的攤位，以及店面樓上的住宅，我們都同時獨立出租，這就是最標準資產活化的個案。大幅提升資產的租金收益，總比空置餘屋好多了。政府近年來也將不少蚊子館出租給一般大眾使用，力求落實「資產活化」的概念。

我非常贊成這樣的理念，更為了服務廣大的民眾，成立公司整合裝潢設計，成立包含裝潢、代租與代管公司，想

當包租公的人，透過「幸福代租管」可以一次辦到好，至於如果自己管理可能會遇到什麼的麻煩呢？包租公律師蔡志雄曾分享過，在剛開始當包租公的時候，以為把房子弄得什麼都有，就會有人租，想不到現在的人都有自己喜歡的裝潢，為了擔心他們破壞房子的結構裝潢，後來都會先了解現下市場喜好的裝潢風格，請個人信任的工班，避免雙方爭議。

此外，因為裝潢的風格、成本，與未來的期待投資報酬率有相關，可以省下評估預算、避免報酬率不佳的狀況，優質的代租管公司，會整合裝潢設計公司，民眾只要提供預算與期待報酬率即可。

一條龍顧問式服務

1. 針對屋主規畫，優先告知預算、預期報酬率與需求，然後幫忙評估、試算、給予建議。

2. 開始區域搜索找屋，進而尋找符合的待售屋、提供試算、粗估裝潢費用等。

3. 戰略推演後，買屋，議價、簽約、買賣轉戶相關服務。

4. 進行工班裝潢，裝潢細節、隔間建議、家電布置建議、再次試算報酬率。

5. 代租，宣傳且找房客、帶看屋。

6. 代管，管理租屋相關事宜，如確認租金入戶、代繳水電
   費等。

　　經過這樣的步驟，省下相當多屋主與租客間的意見迥異
糾紛，省下時間成本以及工班費用，精準核算預期的投資
報酬。

　　一條龍式的服務與一般業務管理基本步驟上的差異就
是：一般我們預期的報酬率都是紙上作業，在一條龍服務
的第三個步驟，物件取得成本估算，加上裝潢過程中可能
因為屋況不同，遇到追加工程款的狀況，所以進入第四步
驟的「家電布置建議」，會再計算一次報酬率。

　　老實說，也有不少個案，在經過第一到第四階段後，
發現到家電布置的時候，已經超出初期的預算了，這時候，
相對預算增加，就會產生報酬率回收速度跟 % 數減少的可
能性，也是我們在一條龍操作時，可以降低且管控的風險。

🛍 自找廠商較省錢，卻不見得有時間

　　如果房東自租，自己找廠商也很好，但是要三思而後
行，除非有相對的經驗值，否則就應該要更周全的做好「風

險控管」，比如說：裝潢成本增加、工期拉長、出租回收狀況……等等。

　　過去，有很多民眾想當包租公，但向房仲公司買屋後，卻不知道下一步該怎麼辦，為什麼？大多數人是因為沒有經驗，或是累積到第一桶金的時候，年紀跟家庭包袱比較重，所以擔心的事情比較多；加上，要房屋買賣交易事項比較麻煩，所有步驟須自行處理，加上投資過程瑣碎，多數人一開始就是打帶跑，抱持著兵來將擋，水來土淹的想法，沒有辦法周全的思考規畫，藍圖一開始就不明確，那麼最終的投資報酬效益，當然也有可能受到市場考驗，這都是過去還沒有專業代租管行業的時候，客戶們曾經發生過的問題。

　　所以，這個產業的風行，主要是因為整合成一條龍服務後，購屋者多數時候都不必出面，只要洽詢專業公司即可，省下了不少麻煩，也不用那麼勞心勞力。我們都知道，如果每一個環節都要自行找廠商，價格確實比較便宜；不過若採取統包，不僅方便，屋況出問題時，也不會環節的負責人互相推卸責任，畢竟，交給仲介處理，也有可能說是裝潢公司不好；交給裝潢公司處理，會說仲介沒有交代等等，瑣碎的問題。

如果願意承擔這些瑣碎細節，空屋由房東自租，當然報酬率最高，那也要屋主不怕麻煩、因為租客看到房東，都會要求很多，想要殺價、想要拗更多，很容易有溝通糾紛，未來還有可能要負責修繕設備，這也是為何多屋族寧願空屋也不願租屋的主因。因此最近內政部為了活絡住宅租賃市場，打算建立租賃住宅事務管理人制度，未來房東可委託業者處理閒置空屋，不管是請人代租代管、或是包租，更讓房東省麻煩、添利多。

代租管費用要怎麼收呢？

收費標準不能漫天亂報，要依照市場行情做出評估跟調整。部分代租代管公司，有專業配合裝潢設計公司，可協助投資民眾規畫，我們的裝潢設計公司，在規畫時，非常貼心，會以方便管理租客方式設計，如，水電開關處可上鎖，若房客合約到期，仍續住不願搬走，就可關閉水電開關，或是租客沒有帶鑰匙，也可以透過遠端的系統控管，減低不少的人力成本。

至於很多人會對費用部分有疑慮，根據目前市場的行情分析，一般代租服務多向房東收取 1 個月租金，房客則為 0.5 個月租金，代管費為 10 ～ 15 ％月租金不等，多為合理行情，

也類似房仲業的服務費價格。

代租管眉眉角角在細節

當我們進行完工班裝潢，接著就進入找房客的階段。我們與一般的仲介業者有極大差異性，怎麼說呢？主要在於為了後續管理的便利，我們會有很多篩選跟合約的細項，需要房客遵守，不是只要有人租賃就好了，也會有一個系統化的規範，在逐步訓練的過程中，累積現場處理的經驗值。

如何上網吸引租客

我們常聽到股市名師說：「好的老師帶你上天堂，壞的老師讓你住套房。」房子出租也是一樣，慎選房客相當重要，「好房客帶你上天堂，壞房客讓你忙不完。」不僅僅一天到晚打電話要人來修繕、每個月還要催租金、甚至要一天到晚擔心房子被毀壞，所以一開始就要有管理思維，想長遠，才能享長遠。

吸睛房客三步驟

Step1：廣告照片要美，拍攝照片時要開燈、開窗，且要用廣角鏡頭拍攝，最後文案要好，了解客戶需求，比方說：

輕豪宅，愛河旁，一卡皮箱入住等關鍵字。

Step2：接電話也是一門學問，過濾不明狀況的房客。

第一、要問幾號入住？如果對方回答：「最近。」因為時間太過於模糊，影響出租時間，時間就是金錢，可以篩選掉。

第二、有無養寵物？不要讓他養寵物，寵物的毛髮和寵物的習性容易損傷裝潢的家具，所以這樣的客戶也要篩選。

第三、了解大致預算，也要了解收入，為了避免未來收租穩定，收入＝租屋預算的三倍以上。

第四、身分證上的戶籍地，也是重要考量依據。有些人家就住在附近，卻想要離家另外就近租屋，一定有特殊原因，避免糾紛，也少做這樣的租客。

Step3：拍攝美圖的技巧

照片的角度，透過手機以及光影的搭配，可以讓人產生對於家的感受，進而提高帶看的人數，就能再從多數人中篩選出適合的優質房客。

有些人房子裝潢得非常漂亮，但是照片看起來卻很普通。其實拍攝時，除了美，更應該要重視細節，有沒有讓

人感受到「家」的氛圍，比如，單身女性喜歡有玫瑰花、香水跟溫暖的黃燈光，可以讓人聯想到下班後的放鬆跟溫暖。

左：有空間角度的照片，感覺上坪數具有放大效果
右：透過燈光，讓人感覺上有溫度，幸福的氛圍

🛍 租客服務 友善管理

代租管也是服務業的一環，除了要幫屋主精選屋客外，也要在帶看過程，提供租客親切溫馨的好感受。

第一、懂得篩選優質房客，風險相對控管得當。

無法一次給足兩個月押金＋第一個月租金的房客，可能要婉拒；倘若經濟有問題，被詢問工作狀況時想很久，有可能給的是假答案，未來可能收不到租金的機率就提高了，

如果身上有刺青、貌似黑道大哥的想要租屋，可以委婉推說已出租，千萬不要得罪人。

第二、專業的帶看人員，幫屋主做出評估。

帶看時透過專業管理公司，帶看人員有清潔乾淨的外表，以及好口條，容易給房客好印象，當然，在帶看交談時，還能乘機觀察房客言行舉止，深入聊天，了解房客租屋動機需求，也能委婉拒絕，藉此排除風險性高及不確定性高的房客，在這裡所謂的風險性高，是指未來租賃時間改變，以及收款不易的狀況，幫屋主做出評估。

第三、要跟房客建立良好的關係。

① 委託物業管理的處理狀況：優點是可以節省大量時間，省去與房客接觸、溝通等瑣碎雜事；缺點是需支付管理費，要找到信任度高、且未來不會臨時中斷的好公司不易。如果委託物業管理，將有專人收租跟抄電表，公共區域也會有人打掃，掌握房客搬遷日期，收租沒有空窗期。

② 屋主自行管理的處理狀況；

⊙ 把租約日期統一調整成 1 號開始。

⊙ 請房客自行抄錄電表。

⊙ 委託一位房客，每週打掃公共區域（酌減房租）。

⊙ 自行掌握房客租約到期日與搬遷日期。

這是一種接近宿舍管理的概念，如果大家都可以自我約束管理，是最好的狀況，但是我也曾經遇過，有一些租客把公共區域弄得亂七八糟，或是並沒有辦法準時抄電表、繳電費，如果套房出租只有幾間，還可以請家人幫忙收款、清掃，假設像我有一間透天是 20 間套房，就會造成人事管理上的麻煩。有經驗的人才能理解，前期的作業就是為了後續的租金流量，讓錢自己流進來，要懂得企業化的表單管理跟減低執行難度，簡化收租流程，都需要事前考量跟規畫的。

投資報酬率的算法

某人房子自備款 150 萬元,其他 600 萬元為貸款,貸款年利率 1.8%。

假設,總投入金額為自備款 150 萬元,裝潢家具 100 萬元,總共 250 萬元。

每年可以有 48 萬元之租金,扣除 600 萬元貸款利息每年 10.8 萬元,每年淨收入 37.2 萬元。

我們參考網路上常常被舉用的投資報酬率,試做換算。

這樣每年的報酬率是:$372,000 \div 2,500,000 = 15\%$

很多資產配置的投資人,一聽到這樣的數字,都會發出「哇!好高喔!」的驚嘆聲,多數人馬上就會拿來跟銀行定存做比較,就像我們把 250 萬元放到銀行定存,預計每年拿回 37.2 萬元利息,還有人想:「沒關係啦!現在定存才 1 ~ 2%,隨便都比定存高。」這樣的想法,沒有好也沒有不好,只是如果取得成本以及裝潢成本過高時,我們就要小心了,獲利率並不會一直都這麼好。

不過如果在上一章當中，我們所提到的取得成本夠低（如：法拍屋、金拍屋、屋主自售），加上投入裝潢成果符合市場需求（好租、租金高、滿租狀況佳），一般說來租金以及房價還會隨著通貨膨脹率而成長，所以實際報酬率會更高於 15%。

確保投資報酬率妙招

為了精準了解租屋市場的目標族群，我們應該要事先做好投資報酬率的 SWOT 分析（優劣態勢分析）。

比如說：租屋地點的優勢劣勢，一般會租套房的是單身、上學、上班族，所以地點的選擇，以交通便利為主要考量，最好是有捷運，或是方便停車，這真的很重要！我在各區的物件中，都有先做好規畫，一樓就有規畫好的停車格位置。

此外，基本上離市中心愈近愈好，上班族都是在商業區附近，雖然北中南的區域民情不同，但是通常上班族轉換工作時，專家多建議「逐辦公室而居」，也就是說找房子的地點很重要，公家機關附近、銀行商業區也是首選。

其次，在租屋規畫時，要注意房屋空間不可太小，為什

麼呢？因為如果房間太小，反而不好租，如果 20 坪的規畫，為了要五間，每間都很小，出租價格拉不高，如果大致四間，出租價格拉高，滿租機率也比較高。此外，平常的管理工作也不可疏忽，租客報修設備應該立即處理，不可拖拉，租客服務很重要，最好有長期配合之水電行，方便隨時處理類似狀況。

🛍 銀行認定的資產 最適合槓桿投資

房地產因為有實質房屋作為抵押品，未來銀行認定的情況下，特別合適以貸款來投資。

衡量分租套房投資是否划算，傳統上是以租金報酬率來比較。租金報酬率也可以解釋為：全部以自有資金投資之報酬率，公式如下：

$$租金報酬率 = \frac{一年房租收入}{房價 + 裝潢費用}$$

以上述分租套房為範例，每年租金收入為 48 萬元，所以租金報酬率等於：

480000 ÷（7,500,000+1,000,000）＝ 5.65%

很多人會覺得，這跟我們先前提及的投資報酬率不同！為何租金報酬率只有 5.65%，然而算出來的報酬率卻有 15% 呢？主要原因是，我們在章節一開始提到過「黃金槓桿」大幅提升了整體報酬率。財務槓桿應用在房地產之公式如下：

當貸款金額為零，也就是全部以自有資金投資時，上述公式簡化如下：

投資報酬率 = 租金報酬率

🛍️ 適合做為退休規畫之一部分

最近一些退休族群，跟我聊天的時候，都會跟我說：「錢一直變小，不知道該怎麼辦！以前有定存，現在定存的利息已不夠生活。」如果透過黃金槓桿操作分租套房，租金有固定的現金收入，不但源源不斷，而且會愈來愈高，在做資產分配時，如果已經有股票跟保險，不如也投資報酬率非常穩定的不動產，這也是退休規畫長期持有的好處，

當然是在不賣的情況下。

以下跟大家分享，我公司代管的出租房屋以及算法：

⊙房地產翻倍的價值

① 原 7,000 元（3 房 2 廳 2 衛舊翻新）

　　→ 21,000 元（鳳山案）

原本租金行情每個月只有 7,000 元

透過裝潢翻新，將房屋租金一口氣提升至 21,000 元，

② 原公寓出租 7,000 元（隔 7 套房，每間 7,000 元）

　　→ 49,000 元（左營案）

原本租金行情每個月只有 7,000 元

透過裝潢舊翻新，將房子規畫成 7 間套房，每間套房出租約 7,000 元 / 月

當然也有屋主會問：「這樣房屋舊翻新式，隔間套房出租，我們會增加多少的裝潢費用呢？」這就需要透過公司設計師的現場估價，代管出租套房，物業管理能贏得客戶的心，要靠經驗累積、用心與真本事。

第六章

房地產與多元收入
成功操作模式大哉問

近年遇過上百件的案件經驗，透過每一件經驗，累積了解決問題的能力，除了幫自己創造了財富自由，也希望可以把這樣的經驗分享給需要的人們，讓大家跟我一起踏上夢想的道路。

所以我們就租屋、買屋、裝修彙整了一些常見的問答，也希望透過這些問答，讓大家未來規畫藍圖時有更清楚的概念，股神巴菲特最近接受《福布斯》採訪時說：「只有一種投資可以取代其它的投資──投資自己。」最值得投資的，就是自己的腦袋。唯有改變了自己的思想，就可以改變自己的格局。

台灣俗諺說：「龍交龍，鳳交鳳，老鼠生的兒子會打洞。」如果我們天生沒有富爸爸，財富就要受限嗎？當然不是，我們可以透過現金流的操作，財務觀念的修正，加上書中所提到的實務操作概念，改變我們未來的生活以及命運。

我們不見得有富爸爸、或是豐厚的資產，可是大家只要先存到第一桶金，就可以運用書中各章節的方式規畫財富並落實執行，我就是這樣成功的。我可以，你們也可以！而且大家比我更幸運的是，我已經把過程中會遇到的問題跟困難，都先列出來了，就像考試的考古題，大家只要依

循前人的腳步，築夢踏實，透過時間跟複利就可以實現財富自由和夢想。

🛍 【針對租屋狀況】

Q1：為什麼要投資不動產或套房出租？

A：因為銀行利率偏低，相較於過去十年的 5 〜 6% 相比，目前的利率約 1 〜 2%，在資產配置中，我們有提到要操作「黃金槓桿」，不要把錢放在利率低的地方，所以，現在投資不動產或是房屋出租，是協助大家操作租屋市場，賺取安全的價差獲利，以及穩定收租，為客戶創造更穩定長遠的投資。

Q2：是否有專業的團隊裝修改造及可以協助套房出租？

A：專業的定義因人而異，有些人喜歡口碑介紹，有些人喜歡有很多證照，有些人是憑感覺，但是不論大家選擇的標準是什麼，我們都建議一定要找信譽良好的裝修改造及物業代管公司，而且要有作品以及實際操作的經驗，就像房屋醫師一樣，臨床的個案跟房子健檢的能力要夠豐富。

本人在這區塊已經累積二十幾年經驗，深知包租公、包租婆所面臨的種種繁雜事務，成立裝修公司一年多來，協助客戶從設計、改裝、布置、招租、代管，原則上房東從

改裝、招租到退租通常不必出面，保有個人絕對的隱私權和時間自由，讓客戶輕輕鬆鬆免煩惱即享有被動收入。

Q3：如何幫助客戶投資效率最大化？

A：當大家提到投資效率最大化的時候，就要想到「一本萬利」，套房改租也是一樣的道理，我們花裝潢的費用，就可以將投資效率最大化，也就是能提高租價與維持滿租率，因為收入＝租金價格 × 租屋間數 × 租屋時間，所以維持滿租率相當重要，需要有經驗的人操刀，才能確認最終獲利。

本人 20 多年超過 200 間房屋裝修改建、舊透天翻新成個性套房等經驗，不斷開創新紀錄，打造出令屋主滿意、租客一眼就喜歡的環境，所以可以輕易找到好房客，並拉出比周邊行情高的租價，透過專業的代管服務，讓房屋經常維持滿租，即可為客戶創造最大利潤。

【針對買屋瑣事】

Q1：怎麼找好屋？

A：有多少錢做多少事，除了要考慮自備款的多寡，也要評估貸款時間長短，還款能力……等等。

首先，抓出自己的總預算，把自己的需求具體化整理出來，例如先考慮地段跟區域，再按照自己的預算，看理想區域的房價，找出符合自己需求的房子，網路上有很多房仲的網站，建議先找尋知名品牌的網站，區域行情與實價登錄的數字透明公開。

舉例來說，如果你的自備款只有 200 萬，就先上網看看 1,000 萬以內，符合你條件的屋件，如果你夠了解，會知道這筆金額可能不容易在高雄農十六菁華區中買到透天房，必須要選擇大樓或是華廈；但是如果你的目標不是放在這區域，而是放在想要買透天房，那就要重新設定搜尋條件，往市區周邊一些去找，不然就要改找公寓或大樓，依照這樣的條件需求，一一釐清自己的目標落點。

預算跟目標落點，以及未來的還款狀況，都跟會買到什麼樣的物件有所相關，買屋的過程中，沒有最滿意的房子，只有當下能力所及的房子。可以再利用內部裝潢，補強不足的部份，擁有更好的居住環境。

Q2：怎麼看中古屋？

A：第一、為了提高看屋效率，可以事先準備一些物品，例如手機，在取得屋主或仲介同意之後拍照，如果屋主不

同意，則可以參考仲介提供的照片，手機也大多有錄音功能，可以把仲介的說明錄下來，回家如果發現忘記資訊，可以放出來聽，還有要準備紙、筆，記下看屋的資訊，如地址，屋齡、主建物、公設、車位的坪數、管理費等。

第二、中古屋還要多加注意房子有無增建，還要多注意大樓公布欄或電梯，查看一下大樓管委費的盈餘，若屋齡太高，管委費盈餘又不高，爾後當公區設施需要維修時，就會由各戶大家均攤，不可不防。

第三、要注意周邊的住戶資訊，比方跟樓下的鄰居聊天，了解一下先前前屋主的狀況，有沒有凶宅、嫌惡措施、居住人口素質……等等。

第四、如果是屋齡較高的中古屋，因地方縣市法律的不同，未來有脫手難易度的問題，在購買的時候，要特別注意屋齡以及地方的中古屋相關法令。

Q3：我要準備多少預算？

A：買屋前應該先釐清自己的需求，是要自住？還是要投資？還是要賺價差？如果是自住，會想要什麼樣的房子？用途是什麼？因為成家想要結婚？還是為了孩子未來的學區？或是首重交通建設，以及房子出租地點的投資報酬率？

需求列得越明確，越能知道想要購入什麼樣的物件。

但是，想要買在哪裡？會需要多少的預算？是買房最重要的事情了。

因為新手上路可能一知半解，與仲介交涉的時候，往往談到的都是「房子本身的價格」，但是殊不知買房除了房屋總價確定後，隨之而來的，還有仲介費、代書費費、登記規費、契稅、印花稅等，最後等房屋過戶後，可能還要準備一筆裝修費，這些林林總總，所有的費用加總起來，再扣除可以貸款的額度，就是要準備的自備款。

接下來，就要看銀行願意貸款多少給你了！在黃金槓桿中，如果銀行核撥貸款額度越高，我們自備款就能少一點，所以要了解核撥貸款的額度高低，取決於個人信用與還款能力。

小小建議，每月還款金額，最好不要超過家庭總收入的1/3，但這也只是概略值，還是要看個人或自己的家庭經濟狀況（單身、已婚、有無小孩等狀況均不相同）。

Q4：**房價合理嗎？**

A：想要進場的時候，價格合不合理，要評估需求的緊急度，如果你本身沒有房子，都在租屋，想要做投資跟存

錢，那麼租不如買，只是要買在想要的預算之內，合理性縮小到想買的物件區域，如北市、中山區、XX社區，找到同棟大樓的實價登錄是比較準確的，因為屋齡、公設條件一樣，可是有時誤差也很大。舉例來說：總價之中有沒有包含車位？是平面車位？還是機械車位？例如是平面車位就有坪數的差異。

假設權狀 50 坪，開價 500 萬，乍看之下每坪 10 萬，可是如果 50 坪，包含車位 8 坪，車位價格 120 萬，變成房屋每坪 9 萬，車位每坪 15 萬。如果沒有同棟大樓，就要仔細比價，例如不能用臨路的指標社區來比較巷弄內的物件，即使同一條馬路不同建案、屋齡不同、公設比不同、建設公司不同（會影響口碑），可能都要深入了解，自己做功課很重要。

Q5：該不該向仲介買房子？

A：很多人不想向仲介買房，主要原因是因為需要多付仲介費，可是仲介自有其專業跟資源，仲介可以就你提出的需求，先初步幫你過濾出符合你需求的物件，當然仲介良莠不齊，可以多接觸，從小地方觀察，例如：是否守時？如果連帶看都會遲到，就代表不用心，再從聊天跟談吐中了解是否專業？可以詢問物件狀況，了解仲介對房子的細

節了解度。是否說不出房子的狀況，或是無法詳細介紹？再來，是否清楚了解客戶的需求？是否一直介紹不符合客戶需求的物件等，也許需要多接觸不同的仲介服務，再決定是否信任這個仲介，畢竟買屋不是一筆小預算。

Q6：怎麼出價？

A：如果真的喜歡，不管對方開價多少，先調查了解周邊市場行情再佐以銀行鑑價為基礎，從合理價格下殺一成以下，口頭出價，若已進入斡旋階段，與房仲議價時，價格慢慢加，掌握第二章提到的「賣方不降價，我就不加價」原則，慢慢調整，但若沒有真心想買，不要隨意出價，否則出價後，屋主願意收斡旋，你卻不想下斡，次數一多，讓人覺得沒有誠意，仲介就不會想幫你跟屋主談了。

Q7：怎麼檢查屋況、有沒有漏水？

A：看屋時，透過檢查浴室、廚房的水龍頭、蓮蓬頭開關，看看水量大不大？可以藉機借用廁所，拿衛生紙丟進馬桶，測試沖水力道強不強？

檢查牆壁（尤其是靠外邊的牆壁）、窗邊、天花板，近看有沒有滲水、漏水甚至是壁癌？此外，可以利用隨身攜帶的水瓶，放到地板上看是否會滾走，測試地板有沒有水

平？注意看地板接縫有無密合，是否有翹起？看看天花板、牆壁有沒有龜裂？

透過這些方式，可以檢視房子基本的屋況，可是還是有一些小細節，比如，屋齡較高的老屋，是不是有管線老舊的問題，需查看電表的線路新舊，確認配電狀況大概已經幾年了，有沒有需要重新申請換電。

看屋就是先看外觀、再感覺採光風向，最後檢視水平，細部看到管線水電……等等，逐一檢查，不能只看一間房子，要多看幾間，才能夠做出比較，了解其中的差異化。

Q8：開門見灶、見廁真的不好嗎？

A：很多人重視風水問題，古籍有云：「開門見灶，錢財多耗，入門見到灶，火氣沖人，令財氣無法進入。」、「開門見廁，廁所污穢之氣衝向大門，穢氣迎人。」其實這也不算迷信，因為見了廁所，不但財神爺不高興，即使訪客上門也極為不雅，但如果看到的房子有這兩種問題，是可以改善的！比如說：考慮以裝潢、門簾或屏風稍加隔絕，並以風水瑕疵大大殺價一番。

Q9：買房子要作履約保證嗎？

A：履約保證是由與交易雙方無利害關係之公正第三者，

暫時託管買方價款、賣方文件，待雙方契約條件達成後，始交付予交易雙方。透過履約保證服務，可以確保買賣雙方，在不動產交易過程中，對買賣價金的應有權益，並能有效防制惡意的詐欺行為，避免可能遭致的危害。

買屋時的履約保證手續費，是雙方各付一半，費用比起房價並不高，建議這小錢不要省。

Q10：買屋簽約有什麼注意事項？

A：

① 產權要搞清楚，避免未來因產權問題影響過戶、交屋。

② 要確認跟你簽約的是誰，一定要是本人或所有權的代理人。

③ 契約內容標示清楚，若有數字記載者（如坪數、金額、持分等），以國字大寫為宜，以避免變造及爭議。

④ 公契移轉價格要定清楚，公契之移轉價格為課稅之依據，應明確約定。如果簽約時，遇到調整土地公告現值，更須特別確認以避免爭議。

⑤ 各項稅費及其他費用負擔，必須記載清楚，通常買方須負擔契稅、代書費、登記規費、公證費、保險費（火險

及地震險）、貸款代辦費等；而地價稅、房屋稅、水、電、瓦斯、管理費則一般以交屋日為分算日。

⑥ 付款方式寫明白，付款分為簽約、用印、完稅、尾款四階段。各階段支付款項成數，由雙方共同約定，若賣方尚有貸款未清，可依此金額為支付尾款金額。為保證買方尾款可如期支付，代書會請買方開立一紙與尾款同額之商業本票，置於代書處，而於尾款支付時，始無息退還買方。

⑦ 交屋時期及方式應明確，清楚記載於合約中，一般房屋買賣通常在支付尾款時，同時辦理交屋手續。

⑧ 契約應由雙方當事人親自簽名，簽約書訂定後，買賣雙方只要簽名或蓋章皆具法律效力。惟目前實務上，皆要求當事人親自簽名且蓋章。簽約書要注意，塗改處要雙方認章，立約日期要填寫、騎縫章雙方都要記得蓋，以避免爭議。

【針對裝修工程】

Q1：去哪裡找人來裝修？

A：這個問題相當有趣，是呀！平常不會常常裝修，所

以等到要找的時候，可能經過路邊的水電行，就會去問問看！但是千萬不要病急亂投醫，不要盲目在網路或報紙上尋找，可以詢問親朋好友，過去有沒有裝修過的經驗？工班的配合度如何？請他們推薦有好口碑的設計裝修公司。

當然，最好尋找有實體店面的公司，有些在網路設置虛擬公司或工作室，甚或擅自印一張名片，就到處接案子，根本沒什麼實際裝修經驗，底下也沒有實際配合工班，後續可能衍伸的問題無法估計，房子裝修動輒數十萬到數百萬不等，還是託付給正規立案的專業公司比較有保障，最好可以約在裝修公司辦公室會談，可以順便參觀辦公室規畫、以及參考該公司以往設計完成的案子。

Q2：要做好那些裝修準備？

A：說真的，裝修要了解的東西實在太多，必須先掌握大方向，清楚自己有多少預算、自己的房屋概況、以及自己想要的是什麼……等，有多少預算就做多少裝修，接下來跟裝潢公司，統包，設計師等討論，把需要跟想要釐清，不然一不小心家裡就裝不了冷氣、或是電視了，因為預算不夠用。

先扣除家電、家具那些非花不可的預算，剩下的就是可

以運用的裝潢預算。可以多找一些自己喜歡的圖片，要經過篩選，不是漂亮就好，應該找與自己住家坪數相仿的參考圖，明明裝修的是小坪數，卻找了有大院子的透天厝圖片，就沒什麼參考價值。

Q3：怎麼知道找對裝潢公司，統包或設計師了呢？

A：在看作品之前，先了解對方背景跟說話方式很重要，因為作品是一個設計師的設計方向，但是能不能依循屋主需求，可能要看設計師的個性，有些設計師作品很不錯，但是溝通上會花過多的時間。

如果覺得聊得很投緣，可以請他們提供以往的案子，以便了解他們的實務經驗有多少，假設自己本身很在意風水問題，先詢問這方面有沒有、能配合的風水師父？有沒有固定工班？如果他們的案量不大或不穩，若沒有固定、長期配合的工班，很可能工程施作到一半，因為缺人或找不到工班，而影響工程進行，這個也是在選擇設計師或是工班的時候，應該要列入考慮的。

Q4：怎麼裝修出符合自己需求的房子？

A：以廚房為例，按照屋主使用廚房的頻率、家人用餐習慣、還有目前家中已有的廚房電器、需要添購的電器等，

調整需求，至於家中物品的收納需求，例如四季的衣物、棉被、雜物等，請裝潢公司、統包或設計師，根據目前尺寸，推算可容許增加或加大空間，也要考慮是否延用舊家具，擺放的位置及尺寸，以免影響空間規畫。

Q5：我該告訴裝潢公司、統包或設計師那些事？

A：「家」是私人的生活空間，所以透過聊天的內容，需要讓他們了解家中成員有哪些？尤其如果有長輩、幼兒甚至養寵物，生活居住空間規畫都需要納入考量，還要先決定，由誰負責跟設計師溝通。家中每個成員都可以對裝修提供意見，但要有一個人主導整合大家意見，以免產生糾紛。也應該讓裝潢公司，統包或設計師了解裝修需求，例如成員變動、收納空間不足、房屋漏水……清楚需求才能有正確的規畫方向。

Q6：有那些事是我需要問清楚的？

A：在裝修前要先跟裝潢公司、統包或設計師溝通清楚，確認裝修施作流程與內容，例如水電管線是否需要換新？能否規畫未來可調整格局？例如小孩房、孝親房，隔間採磚造或輕隔間？設計後房間採光、通風良好嗎？網路、視聽設備與保全系統如何結合？牆壁要貼壁紙還是刷漆？電視牆面材質的選擇？裝修工程如何付款？付款比例如何？

當然，依照設計的不同，最好可以先列出明細表，然後跟裝潢公司一一比對確認，最後擬定契約，順便談妥分期方式。

　　一般常見的分期方式為 3-2-2-2-1，也就是說，掌握這樣的原則，做到哪付到哪。一般都是簽約先給第一期款項30%，之後按工程施作流程按期支付，若金額過大，通常會拉低支付金額，或拉長支付期限，雙方協調同意就可以。

Q7：系統家具好還是活動家具好？

　　A：系統家具與活動家具各有優缺點，對特定空間的家具配置仍以訂做的系統家具較有優勢，因為可以按照現場空間的長、寬、高量身配置，絲毫不需浪費空間，尤其像玄關的鞋櫃，通常設計梁下增加收納的空間，也可以修飾屋梁，許多空間利用，都不是活動家具可以取代的，但是以預算來說，木工訂製最貴、系統家具次之、活動家具最便宜。

　　當然，如果預算有限，就請廠商先來估價，也可以逛逛家具店，比較尺寸價格，選用自己預算內規畫合用的家具。

Q8：裝修也要簽約嗎？

　　A：合約是裝修工程最重要的文件，詳細規範了雙方的

義務與權利，舉凡簽約人、工程地點、範圍、項目、工程期限、裝修金額、支付期限等，都會列在合約中，另外會檢附報價單、設計圖作為附件。很多裝修糾紛來自於材料品質不良，所以報價單除了明定尺寸、數量外，最好也標明廠牌、規格等，以便日後驗收可以明確點交，減少爭議發生。

Q9：屋主需要去現場監工嗎？

A：你已經花錢請裝潢公司、統包或設計師了，為何還要自己監工呢？若是自己發包給不同工總，才需要親自監工。你可以在自己的空閒時間到現場看一看，但這不能稱為監工，因為監工需要專業經驗與知識，即使你到現場發現問題了，也不要直接下指令要工人修改，這樣較能避免爭執，也尊重了現場施工師傅的專業。

此外，修改問題可以詢問裝潢公司、統包或設計師，向他反應，請他去處理，屋主只需要做最後驗收，否則日後裝修結果有問題，最終就得由屋主自行承受，坊間很多設計師都會有設計圖，當然還是要看設計師的經驗值，有許多現場執行的問題，並非有設計圖就可以照表操課，需要輔以相當的現場經驗值。

Q10：裝修可以要求保固嗎？

A：當然可以，一般都是依照合約完工驗收交屋日期起算一年，一般保固的項目有木作、泥作、水電、油漆、鋁門窗、磁磚、廚具、衛浴等，當然有些品牌廠商有提供獨立保證書，例如：冷氣機、洗碗機、烤箱之類，若這類空調、家電、家具等是透過裝潢公司，統包或設計師處理，也可以透過他們向廠商叫修，通常他們都會願意幫客戶服務，也藉此了解各品牌耐用程度。

Q11：裝潢工班的施工時間要怎麼規畫？

A：基本上要先詢問兩組以上的工班，是否可以全程參與？在執行過程中，注意天氣狀況，避開雨季跟颱風季節為佳。

基礎工程天氣佳為上，長期下雨可能會影響施工進度，因為泥作以及壁癌都需陽光曬，才能執行後續的內部裝修，如果，施工一直沒有辦法進行，工人的費用要如何計算呢？這應該事前就跟工班協調。

每天的工作時間，包括早上幾點進場，六日有沒有辦法施工，會不會影響到社區鄰居，需不需要跟管委會請示等等，也應該要事前跟工班溝通，畢竟，工人是以天數計時計價，了解清楚才能避免預算超支的問題。

Q12：房屋裝修需要提出申請嗎？

A：房屋條件需符合相關法規限制，若有需要增設二間以上之浴廁隔間，需樓下住戶同意（若上下樓層所有權人為同一人則免），在合法不違建、不加蓋、不影響建築結構的前提下，配置需評估建築物新舊、樓板厚度、梁柱間距、垮度承重力等，考量安全載重為基本原則，選擇適合的材質。（如需結構技師評估計算，費用另計）

我們會建議施工前應詢問相關單位，並申請室內裝修許可，再行施工較保險，並採用符合國家標準之安全、合法之建材，耐震並有法定的耐燃防火時效，各房留有通風之對外窗，並留逃生空間（陽台不外推）。

真的要提醒大家！切勿賭運氣，或是只一味考量投資報酬率，拿自己、房客或鄰居的生命財產開玩笑，罔顧裝修上的基本安全原則。

各縣市審查標準可能有所不同，詳細相關法規請參閱內政部網站 http：//glrs.moi.gov.tw/index.aspx 之建築物室內裝修管理辦法。

📑 【針對多元收入】

Q1：有關多元收入的資訊該如何取得？

A：多元收入的部分，在書局能夠很輕易查到相關資訊，也可以請教銀行或證券公司的投資理財專員，請他們提供資產配置的建議，至於相關課程部分，筆者本身也有許多相關課程可推薦。

Q2：為何在台灣很少人在談論多元收入？

A：因為每個人都想找投資報酬率最高的多元收入，當自認為找到時，就會有多少錢放多少錢，甚至會借錢來投資，可是卻很少人會想到要避險，因為大家只是一味的追求高投報及快速獲利，就會忽略掉避險的重要，更會忽視掉多元收入這塊，也不會想到利用多元收入達到避險的效益。

Q3：不同屬性的人該如何去做多元收入的配置呢？

A：有分可以承擔風險的，比如說年輕人，有些是需要退休的人，他們所能承擔的風險不同，根據不同的人生階段，他們的投資規畫一定不會相同，應該根據各人的風險屬性、年紀跟收入而有所差異，我們應該先做一些風險評估，有些銀行或證券公司也會幫客戶做風險評估，讓客戶

投資前先評估，才能知道客戶能承擔的風險到哪裡？才能給出專業建議，所以要做資產配置前應該更瞭解自己，才有辦法規畫。

Q4：需要等待多久的時間才能產生多元收入的效益？

A：許多人都沒辦法等，都想短時間達到高收益，基本上是不可能，因這不叫投資，那叫賭博，我們應該根據我們所投資的項目做規畫，例如股票，我們至少要等到每一年配息，時間週期就是以年為單位，或者是債券及基金，是以月或季為配息一次，那就是以季或月為週期，如果是儲蓄型保單，週期又拉得更長了，所以投資獲利的時間要看自己所投資的商品而定。

附錄

房屋租賃契約書

房屋租賃契約書

出　租　人：　王小明　蓋章：　　　　　　（以下簡稱甲方）
承　租　人：　　　　　　蓋章：　　　　　　（以下簡稱乙方）
緊急聯絡人：　　　　　　關係：_____ 聯絡電話：_____
地址：_____

甲乙兩方因房屋租賃事宜，經雙方協議訂立房屋租賃契約，並約定條款如下：

第一條：房屋所在地及使用範圍：

幸福市幸福區幸福街_____號

使用範圍：全部

承租用途：住家用（不得作為其他用途）

第二條：租賃期限

自民國　　年　　月　　日至民國　　年　　月　　日止，計　年　　月。

第三條：租金與擔保金

一、租金：每個月新台幣_____元整，乙方應於每月 5 日以前繳納。每次
　　應繳納一個月份至指定帳戶，並不得藉任何理由拖延或拒繳。

　　幸福銀行代號：111

　　帳號：11111111111111

　　戶名：王小明

二、擔保金（押金）：新台幣_____元整（二個月租金）。

（一）交付：乙方應於本租賃契約簽約成立同時給付第一個月租金及二個月之擔
　　　保金予甲方。

（二）返還：甲方得於本租賃契約終止或期限屆滿當日，待乙方騰空並交還房屋
　　　後，扣除因乙方使用所必須繳納之費用，無息返還。

第四條：使用租賃物之限制：

一、未經甲方書面同意，乙方不得將租賃物全部或一部轉租、出借、頂讓，或以
　　其他變相方法由他人使用或共用。乙方如有違約時，甲方得終止本租賃契約，
　　如有損害，並得請求賠償。

二、租賃物不得供非法使用如從事色情交易、吸食毒品，或存放具爆炸性、危險性、違禁性物品，影響公共安全。乙方違反此約定使用租賃物，甲方得終止本租賃契約。

三、租賃物若有任何改裝設施或裝飾之必要，乙方需先取得甲方之同意，但不得損害原有建築。乙方於本租賃契約終止或租賃期滿之翌日起，應將租賃物恢復原狀騰空遷讓交還，乙方不得藉詞推諉或主張任何權利，且不得向甲方請求遷移費或任何費用。如未即時騰空遷讓交還房屋時，每逾限一日，乙方每日應支付甲方 ___ 元之違約金至遷讓之日止，如不履行時，應逕受強制執行。

四、乙方應以善良管理人之注意、保管使用租賃物，如欠缺注意事項、個人故意或不當之行為，致租賃物毀損或滅失或房屋價格貶值時，乙方應負甲方所有損害及賠償之責。

五、乙方如有積欠租金或不當使用應負賠償責任時，該積欠租金及損害額，甲方得由押金優先扣抵之。

六、乙方如有違反本租賃契約各條款或損害租賃房屋等情事時，保證人應連帶負損害賠償責任。

七、乙方於租賃期間，應於每月五日前將租金轉帳至指定帳戶。若逾期未繳納者，應於收到催繳通知單後儘速繳納。若接到催繳通知後三日內仍未繳納者，甲方有權取消乙方磁卡之使用。逾30日（即當月月底）仍未繳納者，視為違約，押金沒收，並終止租約，乙方原租賃契約之一切權益即歸消滅。乙方須立即遷離，屋內乙方遺留所有物品不搬者，視為廢棄物處置。

八、租賃物漏雨、自然損壞及天災或其它非歸責於乙方所致之損壞由甲方負責修復。若因乙方故意、過失所造成之損壞，則由乙方負損害賠償之責。

九、甲方因修繕房屋及設備之需要，而需入租賃處做相關之檢查維修時，乙方應配合入內做檢修，若因乙方拒絕而造成之損失，乙方需責賠償之責。

十、為維護居住之品質，禁止房客飼養貓、狗或會發出異味、叫聲等寵物。

第五條：約定事項

一、房屋稅及地價稅由甲方負擔。

二、租期屆滿，雙方仍欲繼續租賃時，應另訂租賃契約。

三、租期屆滿未續約，租賃關係當然消滅。

四、甲方於租賃處所提供之設備及家電（見附約一），乙方於檢視無誤後應負妥善使用及保管之責，並於租賃期屆滿後，原狀交還甲方。設備及家電在正常使用狀態下之毀損，由甲方負修繕之責。若因乙方之故意或疏失所造成之毀損或遺失，則由乙方負擔修繕費用及賠償之責。

五、乙方於合約終止時，應將租賃處清潔理後並恢復原狀，若租賃處髒亂或有異味（如煙味），甲方將酌收清潔費用_____元。

六、乙方欲提前終止合約或有違反本契約書所約定之條款者，視為違約，乙方應賠償甲方一個月租金，甲、乙雙方原租賃契約之一切權益即歸消滅。

七、甲、乙雙方就本合約有關履約事項之通知、催告送達或為任何意思表示，均以本合約所載之地址為準，若有送達不到或退件者，悉以第一次郵寄日期為合法送達日期，雙方均無異議。

八、雙方合意於本契約發生紛爭時，以租賃所在地之地方法院為訴訟管轄法院。
前述條款均為立租契約人同意，恐口無憑，爰立本租賃契約書一式兩份，各執一份存執，以昭信守。

中　華　民　國　　　　　年　　　　　月　　　　　日

（附約一）房屋配備：

家具					
設備名稱	數量	簽收前使用狀況	購買價格	修繕費用分擔	備註
雙人床組（含床頭片）	（　）組		X元	視狀況	
雙人獨立桶彈簧床墊	（　）張		X元	視狀況	
衣櫥	（　）組		X元	視狀況	
書桌	（　）張		X元	視狀況	
椅子	（　）張		X元	視狀況	
茶几	（　）張		X元	視狀況	
單 / 雙人沙發	（　）組		X元	視狀況	
台　燈	（　）具		X元	視狀況	燈炮損壞請自行更換
衛浴設備	（　）組		X元	視狀況	
門　板	（　）扇		X元	視狀況	
窗　簾	（　）組		一組X元	視狀況	
保潔墊	（　）組		每床押金X元	租滿一年可退還	未租滿一年自行帶走
黑晶爐	（　）台		X元	視狀況	表面高溫勿觸碰
鑰匙（含磁卡、套房門鎖）	（　）付		每付押金X元	退租歸還鑰匙時退還	退租時無損全額退還，鑰匙遺失或人為之損壞需賠償新購費用
家電					
分離式冷氣（含遙控器）	（　）台		X元	視狀況	（遙控器電池請自行更換）
電視（含遙控器）	（　）台		X元	視狀況	（遙控器電池請自行更換）
洗衣機	（　）台		X元	視狀況	
冰箱	（　）台		X元	視狀況	
15 加侖電熱水器	（　）台		X元	視狀況	

未成年租屋保證同意書

本人 _____ 茲同意子女 (被監護人) _____ 在外租
屋，並同意租賃契約上之內容，如有違反租賃契約各條款或損害租賃房
屋等情事時，願負連帶損害賠償責任。

家長 (法定代理人) 姓名：　　　　 ＜簽名蓋章＞

身份證字號：

聯絡電話：

中華民國　　年　　月　　日

你可以財富自由
從零開始的致富成功方程式

國家圖書館預行編目 (CIP) 資料

你可以財富自由：從零開始的致富成功方程式 /
趙琇華著 . -- 初版 . -- 臺北市：
布克文化出版 ： 家庭傳媒城邦分公司發行，
民 107.01
面 ； 公分
ISBN 978-986-95516-7-0（平裝）

1. 理財 2. 成功法

563　　　　　106022207

作　　　者／趙琇華
文 字 整 理／蕭合儀
出 版 經 紀／廖翊君
美 術 編 輯／申朗創意

總　　編　　輯／賈俊國
副 總 編 輯／蘇士尹
編　　　輯／高懿萩
行 銷 企 畫／張莉滎・廖可筠・蕭羽猜
發　　行　　人／何飛鵬
法 律 顧 問／元禾法律事務所王子文律師
出　　　版／布克文化出版事業部
　　　　　　台北市中山區民生東路二段 141 號 8 樓
　　　　　　電話：（02）2500-7008 傳真：（02）2502-7676
　　　　　　Email：sbooker.service@cite.com.tw
發　　　行／英屬蓋曼群島商家庭傳媒股份有限公司城邦分公司
　　　　　　台北市中山區民生東路二段 141 號 2 樓
　　　　　　書虫客服服務專線：（02）2500-7718；2500-7719
　　　　　　24 小時傳真專線：（02）2500-1990；2500-1991
　　　　　　劃撥帳號：19863813；戶名：書虫股份有限公司
　　　　　　讀者服務信箱：service@readingclub.com.tw
香港發行所／城邦（香港）出版集團有限公司
　　　　　　香港灣仔駱克道 193 號東超商業中心 1 樓
　　　　　　電話：+852-2508-6231　傳真：+852-2578-9337
　　　　　　Email：hkcite@biznetvigator.com
馬新發行所／城邦（馬新）出版集團 Cité（M）Sdn. Bhd.
　　　　　　41, Jalan Radin Anum, Bandar Baru Sri Petaling,
　　　　　　57000 Kuala Lumpur, Malaysia
　　　　　　電話：+603-9057-8822　傳真：+603-9057-6622
　　　　　　Email：cite@cite.com.my
印　　　刷／卡樂彩色製版印刷有限公司
初　　　版／2018 年（民 107）1 月
售　　　價／300 元
I S B N ／978-986-95516-7-0

城邦讀書花園　布克文化
www.cite.com.tw　www.sbooker.com.tw